로크가 들려주는
타불라라사 이야기

로크가 들려주는

타불라라사 이야기

ⓒ 서정욱, 2006

초판 1쇄 발행일 2006년 7월 21일
초판 13쇄 발행일 2021년 4월 28일

지은이   서정욱
펴낸이   정은영
펴낸곳   (주)자음과모음

출판등록   2001년 11월 28일 제2001-000259호
주소   04047 서울시 마포구 양화로6길 49
전화   편집부 (02)324-2347 경영지원부 (02)325-6047
팩스   편집부 (02)324-2348 경영지원부 (02)2648-1311
e-mail   jamoteen@jamobook.com

ISBN 978-89-544-1946-8 (64100)

로크가 들려주는

타불라라사 이야기

서정욱 지음

㈜자음과모음

책머리에

　여러분은 이제 저와 함께 철학 여행을 떠나게 됩니다. 여러분은 철학이 무엇인지 아세요? 철학은 무척이나 어렵고 힘들고 따분한 것 같지만, 사실은 가장 친근하고 쉽고 재미있는 것이랍니다. 간단히 말하자면 철학은 우리가 어떻게 살아야 하는지, 무엇을 우선으로 생각하며 살아야 하는지, 행복한 삶이란 무엇인지에 대한 답을 가르쳐 주는 학문입니다.

　궁금해지지요? 그렇다면 이 책 속으로 같이 여행을 떠나 봅시다.

　여기에서 다룰 철학자는 영국의 유명한 철학자 존 로크라고 하는데, 혹시 들어 본 적 있나요?

　근대 민주주의의 대표적인 사상가로 잘 알려져 있는 로크는 1632년 브리스틀 근교의 조그마한 도시 링턴에서 부유한 변호사의 아들로 태어났어요.

　옥스퍼드 대학교에서 철학과 의학을 전공한 로크는 1666년 새프츠베리라는 유명한 정치가의 주치의 겸 가정교사로 들어갔답니다. 이후 로크는 새프츠베리와 함께 정치에도 참여하였어요.

　영국에서 가장 유명한 혁명이 무엇인지 여러분들도 잘 알죠? 바로 명예혁명입니다. 명예혁명이 일어나기 바로 전, 영국은 아주 위험한 상황이었어요. 특히 로크는 새프츠베리와 함께 제임스 2세가 생각하는 정치적 입장에 반대하였답니다.

  결국 섀프츠베리와 로크는 제임스 2세의 박해를 피해 네덜란드로 망명하였답니다. 이 망명이 로크에는 큰 도움이 되었다고 할 수 있어요. 철학적으로 아주 유명한 책인 《인간오성론》이란 책을 쓸 계획을 세웠기 때문이죠.

  먼저 망명한 섀프츠베리는 안타깝게도 네덜란드에서 죽었답니다. 뒤이어 네덜란드로 망명 온 로크는 영국으로 다시 돌아가지 못할 상황이 되었어요. 다행인지 불행인지 영국에서는 명예혁명이 일어났죠. 여러분들도 잘 알겠지만, 명예혁명으로 네덜란드의 왕이었던 윌리엄과 왕비인 메리가 영국의 왕이 되었답니다.

  로크는 메리와 함께 영국으로 돌아올 수 있었어요. 그 후 로크는 자신의 철학을 바탕으로 영국의 정치에 많은 관여를 하였어요. 특히 로크는 영국 사람들이 권리장전을 만드는 데, 많은 도움을 주었어요. 그리고 이 권리장전을 중심으로 영국의 입헌군주제도가 발전하였답니다. 그렇다면 로크의 덕분에 영국의 입헌군주제가 발전했다고 해도 틀린 말은 아니겠죠.

  로크는 정치적인 면에서는 시민들의 자유를 주장하였어요. 특히 개인적인 자유를 주장하였답니다. 그리고 여러분도 잘 알겠지만 영국에는 많은 종교가 있었어요. 가톨릭, 성공회, 청교도와 같은 여러 종교가 있었답니다.

영국의 이러한 종교는 서로서로 자신들이 영국의 국교라고 주장하였답니다. 로크는 이런 종교들이 너그러운 생각을 가져 주길 바랐어요. 각각의 종교가 다른 종교에 대해 자비를 베푸는 교리를 만들길 바란 것이죠.

이렇게 로크는 개인적인 자유와 종교적인 너그러움으로 영국 사람들의 자유와 평등을 부르짖었답니다. 로크는 서민들의 자유를 요구한 반면 왕의 절대적인 권력에 대해서는 반대하였답니다.

인간은 신으로부터 동등하고 평등한 권리를 받았을까요? 아니면 서로 다른 권리를 받았을까요? 로크는 이것을 자연이 준 권리라고 했어요. 사람의 평등은 자연이 준 것이라고 생각한 것이죠. 이런 자연의 권리가 왕의 권리에 의해서 피해를 보면 안 된다고 로크는 생각했습니다.

로크는 그 외에도 오늘날과 같이 삼권의 분립을 주장하였답니다. 이러한 로크의 민주주의적 생각은 미국의 독립선언과 영국의 공리주의에 큰 영향을 주었어요. 공리주의란 공공의 행복이란 뜻으로 최대한 많은 사람이 최대한 많은 행복을 누리자는 이야기예요. 그래서 공리주의자들은 최대 다수의 최대 행복을 주장한 것입니다.

이러한 정치적인 생각 외에도 로크는 사람의 마음에 대해서 논의하였습니다. 여러분 생각에, 사람은 태어날 때 착하게 태어났을까요? 아니면 악하게 태어났을까요?

중국의 맹자는 착하게 태어났다고 했죠? 그리고 순자는 악하게 태어났다고 했어요.

하지만 로크는 다른 생각을 했어요. 로크는 사람이 착한 마음이니 악한 마음이니 하는 것을 갖고 태어나는 것이 아니라고 했어요. 그래서 로크는 태어날 때, 사람의 마음을 '타불라라사'라고 했답니다.

타불라라사는 옛날 로마 사람들이 사용하던 말인 라틴어입니다. 이 말은 라틴어로 그 뜻은 하얀 종이라는 뜻입니다. 마치 하얀 종이처럼 사람의 마음은 아무것도 없이 태어난다는 뜻이죠. 그렇게 태어난 사람은 태어난 다음 주위 환경이나 교육에 따라 종이에 그림을 그리듯이 경험으로 자신의 마음을 채우는 것이죠.

로크의 이러한 생각을 철학에서는 경험론이라고 해요. 그리고 로크 이후 영국의 몇몇 철학자는 로크의 생각을 좋아하여 그의 생각을 더 발전시켰어요. 그래서 이 사람들을 영국의 경험론자라고 합니다.

여러분은 논술을 해 본 적이 있나요? 선생님은 여러분에게 항상 자신의 생각을 써 보라고 하죠? 그 자신의 생각이 무엇일까요? 남의 생각이 없는 자신의 생각, 그것은 바로 순수한 생각입니다.

어쩌면 로크의 타불라라사는 바로 아무런 생각이 없는 순수한 생각과 같은 것일 거예요. 이제 논술이나 글짓기를 위해서 철학이 왜 필요한지도 알겠죠?

로크의 하얀 종이가 없다면, 우리는 다른 그림을 그려야 할지도 모르겠네요. 착한 마음이나 악한 마음으로 그려진 그림을 갖고 태어날 수도 있으니까요. 로크의 타불라라사가 어떤 보물인지 우리 함께 찾아 나서 볼까요?

우리가 이렇게 로크의 타불라라사를 찾을 수 있게 도와준 사람이 참 많아요. 쉽게 타불라라사를 찾을 수 있도록 이 책을 편집하신 분, 디자인해 주신 분 그리고 그림을 그려 주신 분에게 감사드려야겠죠? 그리고 누구보다도 고마운 사람은 이 책을 출판해 주신 (주)자음과모음 출판사 강병철 사장님입니다. 정말 고맙습니다.

자, 이제 타불라라사를 찾기 위해서 우리 함께 그 첫 장을 열어 볼까요!

C O N T E N T S

프롤로그

여름엔 역시 물이 최고!

이글이글 타오르는 태양을 피해 물속으로 풍덩 빠져서 내 맘대로 수영을 하는 것은 상상만 해도 즐거운 일입니다. 그렇지만 도시에서는 그것도 쉬운 일이 아니지요. 시골에서야 개울이나 계곡에서 쉽게 물놀이를 할 수 있지만, 도시에서는 수영장이 아니면 멀리 여행을 가지 않고서는 꿈도 꾸지 못할 일입니다.

다행히 이번에 이사 온 신도시에는 넓은 공원이 여러 군데 만들어져 있는데, 한강이는 특히 인공 폭포가 있는 이 공원이 제일 마음에 들었습니다. 아빠가 이사를 한다고 했을 때, 한강이는 내심 전학을 가지 않았으면 했지만, 역시나 기대는 무너졌습니다. 이사를 한 곳은 서울을 벗어난 외곽의 신도시이기 때문에 전학을 해야 했고, 또 그리 넓은 집도 아니었습니다. 그렇지만 괜찮습니다. 이런 인공 폭포가 있는 도시라면 그 정도는 참을 수가 있지요. 인공 폭포에서 물줄기가 쏟아져 내릴 때마다 가슴까지 시원해지는 기분에 한강이는 크게 숨을 내쉬었습니다.

유모차를 끌고 가는 아저씨, 강아지를 안고 가는 아줌마, 양손 가득히 도시락을 싸 가지고 온 가족들, 인라인 스케이트와 자전거를 타는 아이들, 서로 손을 꼭 잡고 다정하게 걸어가시는 할아버지와 할머니, 노란 유치원복을 똑같이 입고 병아리처럼 줄을 지어 가는 유치원생들, 시에서 주최한 그림 그리기 대회에 참가해 그림을 그리는 아이들……, 공원은 복잡하면서도 평화롭고 즐거워 보였습니다.

인공 폭포 주변으로는 장미 넝쿨로 된 터널 길이 있는데, 그 길은 사람들로 북적거렸습니다. 한창 피어오른 장미꽃 때문에 장미 넝쿨 터널은 화려하고 향기로웠습니다. 한강이는 북적거리는 장미 넝쿨 터널을 가로질러 가는 대신, 광장을 한 바퀴 빙 돌아 매점을 향해 걸어갔습니다. 아빠는 아까부터 매점 파라솔에 앉아 꾸벅꾸벅 졸고 계시네요.

'이런 곳에 왔으면 좀 걸어 다니면서 구경도 하셔야지……, 촌스럽게!'

한강이는 졸고 계신 아빠 뒤로 살금살금 다가가 '아빠!' 하고 큰 소리로 불렀습니다. 깜짝 놀라 벌떡 일어나시는 아빠의 모습이 한강이는 참 재미있었지요.

시에서 주최한 그림 그리기 대회는 인공 폭포를 조성한 뒤 1주년이 되는 기념행사와 함께 열렸습니다. 어느 정도 그림을 잘 그리는 아이들이 모두 모인 대회인 만큼 한솔이는 무척 떨렸습니다. 한솔이 역시 그림을 잘 그려서 학교 대표로 여러 대회에 나간 경험이 있었습니다.

하얀 도화지 한 장이 주어졌습니다. 그리고 자유로운 주제로 그림을 그려야만 했습니다. 너무 막막했지요. 인공 폭포 1주년 기념대회니 인공 폭포의 풍경화를 그려야 할지, 아니면 상상력이 돋보이는 상상화를 그려야 할지 감이 잡히지 않았어요. 하얀 종이 위에 생각하고 느낀 것을 그린다는 것은 정말 오랫동안 많은 생각을 하게 했습니다. 한솔이가 그림을 그리기도 전에 다른 친구들은 벌써 밑그림을 그리고 있었습니다. 한솔이는 저도 모르게 한숨을 푹 내쉬었습니다.

다른 친구들의 그림을 보며 한솔이는 자꾸만 자신이 없어졌습니다. 한솔이가 그린 그림이 마음에 들지 않은 건 아니었지만, 다른 친구들의 솜씨가 생각보다 훨씬 훌륭했기 때문에 입상을 하지 못하면 어쩌나 하는 걱정이 앞서서였습니다. 물론 입상을 하지 못한다고 해서 엄마 아빠가 섭섭해 하시지는 않지만, 그래도 한솔이는 엄마 아빠가 함께 와서 응원해 주시는 이번 대회에서 적어도 입상은 하고 싶었거든요. 시시하게 참가상이나 입선 정도로 끝나고 싶지는 않았지요. 한솔이는 내심 우수상이나 최우수상 정도를 생각하며 시원하게 물줄기를 뿜어 대는 폭포를 바라보았습니다. 시원했습니다.

 멀리서 엄마 아빠가 손을 흔드셨습니다. 한솔이도 손을 흔들며 웃어 보였습니다. 아쉬움이 조금 남았지만 한솔이는 완성된 그림을 내고 엄마 아빠가 계신 자리로 갔습니다. 엄마가 싸 오신 예쁜 도시락이 자리에 펼쳐져 있었지요. 한솔이는 자신도 모르게 와! 하고 감탄했습니다. 엄마가 흐뭇해하셨습니다.

 대회 결과가 몹시 궁금하고 떨리긴 했지만, 한솔이는 엄마 아빠가 함께 응원해 주시는 데다가 가족끼리 단란한 시간을 가질 수 있어서 행복했습니다.

한강이와 한솔이

 독서는 다만 지식의 재료를 줄 뿐이다. 자기 것으로 만드는 것은 사색의 힘이다.

- 로크

1 또 라면이야?

"또 라면을 먹자고요?"

한강이는 눈을 동그랗게 뜨고 아빠를 쳐다보았습니다. 아빠는 장난스럽게 헤헤, 하고 웃으셨습니다.

"또 라면, 이라고 하면 아빠가 섭섭하지. 아까 점심 때 인공 폭포 공원에서 먹은 건 사발면이고 지금 이건 아빠가 직접 요리한 아빠표 라면이지."

한강이는 한숨을 푹 내쉬었어요.

"그게 그거지, 뭐가 달라요?"

"달라도 한참 다르지. 자, 잘 봐!"

아빠는 끓고 있는 라면에 달걀을 탁 깨서 넣었습니다.

"이번엔 달걀도 들어 있다고! 아까는 달걀이 없는 라면이었잖아. 헤헤."

아빠의 장난스런 웃음에 한강이도 아빠처럼 웃고 말았습니다.

"정말, 우리 아빠는 못 말린다니까! 히히."

"아빠는 못 말려도, 빨래는 다 말랐다. 야, 이한강! 다 마른 빨래좀 개켜라."

아빠가 고갯짓으로 빨래를 가리켰습니다. 한강이는 못 들은 척 텔레비전 앞에 앉았지요.

"이한강! 아빠 말 못 들은 척할래? 아빠가 요리를 하면, 적어도 넌 청소라도 하는 흉내를 내야 하지 않냐? 젊은 놈이 아버지를 부려 먹네?"

한강이가 작게 쿡쿡, 거리며 웃음을 참았습니다.

"에게? 그것도 요리라고?"

"너, 이 녀석!"

아빠가 짐짓 화난 목소리로 말씀하셨습니다.

"그러니까! 제발 장가 좀 가세요!"

오히려 한강이가 소리쳤습니다.

"뭐?"

"장가 좀 가시라고요."

"야, 이 나이에 내가 무슨 장가를 가냐?"

아빠가 상을 펴시고 라면을 냄비째 올려놓으셨습니다. 한강이가 상 앞으로 당겨 앉았습니다.

"뭐, 마흔둘이면 좋은 나이인데요?"

"요 녀석이!"

아빠는 한강이의 머리를 콩 쥐어박았습니다. 한강이는 아랑곳하지 않고 젓가락을 들어 라면을 자기 그릇에 덜었습니다.

"넌 먹지 마! 라면 싫다며? 빨래도 안 개켰잖아!"

아빠가 한강이의 그릇을 뺏었어요.

"에잇! 치사하게 먹는 것 가지고 그러시네."

한강이는 다시 그릇을 뺏어서 라면을 덜었지요. 그리고 후후, 불며 맛있게 먹었습니다.

"우아! 날로 솜씨가 느시네요? 아주 맛있는데요?"

"이 녀석이 아빠를 놀리네? 얼렁뚱땅 넘어가려고 하는데?"

아빠가 슬쩍 한강이를 째려보자 한강이는 모른 척하며 라면만 먹었습니다.

"한강아."

라면에 코를 박고 한참을 먹고 있는데 아빠가 슬그머니 한강이 이름을 불렀습니다. 한강이는 아빠의 목소리를 듣지 못했는지 라면만 먹고 있었습니다.

"한강아."

"네."

한강이는 국물을 후루룩 마시며 건성으로 대답했습니다.

"미안해."

아빠는 아주 작은 목소리로 말했습니다. 한강이가 아빠를 쳐다보았어요.

"뭐가요?"

"더 넓은 집도 아니면서 이사를 해서."

아빠의 어깨가 왠지 축 처져 보였습니다.

"에이, 옛날 동네는 서울이라고 전세금만 비쌌지 건물이 낡았잖아요. 여긴 넓진 않지만 집값도 싸고 새 건물인데요, 뭐. 그리고 아까 낮에 그 인공 폭포 아주 멋지더라고요. 여기로 이사 오지 않았으면 도시에서 그런 폭포 구경이나 해 보겠어요?"

한강이는 아무렇지 않다며 과장되게 말했어요.

"그래도 겨우 친구들과 사귀게 되었는데 전학을 하게 해서 미안해."

여전히 아빠의 목소리는 힘이 없으십니다.

"에이, 아빠도 참 소심하시네. 남자가 여기저기 전학도 다니면서 친구도 다양하게 사귀어야 사회생활을 잘하지요. 그리고 지금은 여름방학이라 어차피 친구들과 떨어져 지내야 하니까 2학기 때 새로운 마음으로 새 친구들을 만나는 것도 나쁘지 않아요. 아빠, 이거 안 드실 거면 제가 먹어도 되죠?"

한강이는 아빠 그릇에 남은 라면을 자기 그릇으로 가져왔습니다.

"겨우 라면만 먹이고……."

아빠가 혼잣말처럼 말씀하셨습니다.

"그러니까요!"

한강이가 소리쳤습니다. 아빠가 에구, 깜짝이야! 하면서 고개를 번쩍 들었어요.

"그러니까 장가를 가시라니까요! 내가 아기였을 때 엄마가 돌아가셨다면서요? 그럼 이제 시간이 많이 지났으니 아빠가 장가가셔도 엄마가 하늘나라에서 다 용서하실 거예요. 그러니까 나한테 라면 같은 거 먹이지 말고, 새엄마 만들어 줘서 음식도 맛있는 걸로 해 주시고 동생도 하나 낳아 달라고요."

"그건……."

"도대체 뭐가 문제예요? 아빠가 직장이 없어요? 아들이 없어요? 집이 없어요? 엥? 집이 전세라서 장가를 못 가나?"

한강이가 머리를 긁적거렸어요.

"요 녀석!"

아빠가 한강이의 머리를 콩 쥐어박았습니다.

"너같이 말대꾸하는 아들이 있어서 내가 장가를 못 갔지!"

"세상에, 나처럼 잘생기고 착한 아들을 덤으로 얹어 주는데 장가를 못 간다니요? 말도 안 돼요!"

한강이가 너스레를 떨었습니다.

"말이 되고 안 되고, 너 설거지할래, 아니면 빨래 개킬래?"

아빠가 도망가려는 한강이를 붙잡았습니다.

"글쎄……."

한강이는 한참을 고민하다가 대답했습니다.

"둘 다 할래요. 아까 공원에서 조시는 걸 보니까 피곤하신 것 같은데 좀 쉬세요. 내일 또 출근하시려면."

"우하하! 역시, 내 아들이 최고야!"

아빠가 한강이를 향해 엄지를 올려 보였습니다. 한강이는 어깨를 으쓱하며 팔을 걷어붙이고 설거지를 하기 시작했지요.

2 괜찮아, 상은 중요하지 않아

저녁도 먹지 않은 한솔이는 자기 방에 콕 틀어박혀 있었습니다. 거실에서 엄마가 한솔이를 불렀습니다. 그러나 한솔이는 아무 말도 하기 싫어서 못 들은 척했습니다. 그러자 이번엔 아빠가 부르는 소리가 들렸습니다. 어쩔 수 없이 한솔이는 거실로 나왔습니다.

거실 소파에는 아빠 혼자 앉아 계셨습니다.

"우리 한솔이 많이 섭섭했구나?"

한솔이는 고개만 푹 숙이고 있었습니다.

"괜찮아. 한솔아, 상은 중요하지 않아."

아빠가 한솔이의 어깨를 도닥이시며 말씀하셨습니다. 그러나 아빠의 위로에도 한솔이의 마음은 풀리지 않았습니다. 어쨌든 상을 타지 못한 것이 못내 섭섭했거든요. 한솔이는 자신의 그림보다 훨씬 더 잘 그린 다른 아이들의 그림을 보고 감탄했습니다. 그리고 학교에서는 자신이 최고로 그림을 잘 그렸는데, 밖에 나와 다른 학교 학생과 비교하니 자신의 그림이 보잘 것 없었던 것에 조금은 실망도 했습니다. 한솔이는 상을 타지 못했다는 것보다 자기 자신의 능력이 부족하다는 것에 대해 더 화가 났습니다.

"아직도 우리 한솔이 기분이 안 좋은가 보네? 남자답고 씩씩하게, 그런 일은 훌훌 털어 버려야지. 그렇다고 저녁도 먹지 않고 그러면 엄마 아빠가 속상하지 않겠어?"

그때 마침 엄마가 쟁반에 샌드위치를 만들어 내오셨습니다. 워낙 음식 솜씨도 좋은 데다가 언제나 한솔이의 기분을 잘 알아 주시는 엄마입니다.

"자, 이제 기분 풀고 이것 좀 먹어 봐."

엄마는 한솔이 앞으로 샌드위치를 밀어 주셨습니다.

"죄송해요. 상도 타지 못했는데, 괜한 걱정만 끼쳐 드려서."

한솔이는 고개를 푹 숙이고 겨우 말했습니다.

"한솔이가 상을 탔건 타지 못했건, 그런 것은 중요하지 않아. 그보다 더 소중한 걸 얻었으니까."

엄마의 말씀에 한솔이는 고개를 번쩍 들었습니다.

"더 중요한 것이라니요?"

"한솔이는 학교에서 줄곧 1등을 한 모범생이고 또 그림, 음악, 체육……, 모든 것을 잘하는 아이지."

한솔이는 조금 쑥스러웠습니다.

"그렇지만 더 많은 아이들과 만나면서 한솔이의 부족한 부분도 알게 되었잖아? 엄만 그렇게 세상을 좀 더 알아 가는 것이 더 중요한 거라고 생각해."

"그건 아빠 생각도 마찬가지란다. 아빠 역시 한솔이가 더 많은 경험을 통해서 자기 자신을 개척하길 바라지."

"네. 제가 미처 생각하지 못한 걸 깨달았어요. 엄마 아빠의 말씀 정말 고마워요."

한솔이는 머리를 긁적였습니다.

"저는 저도 모르게 뭐든지 제가 최고여야 한다고 생각한 것 같아요. 학교에서 공부도 그렇고 다른 것도 그렇고. 너무나 저를 잘 이해해 주시는 부모님이 계시고 또 우리 집이 부자니까 부족하다고 생각한 것이 없어서 그런 것 같아요. 너무 잘해 주시는 부모님 때문에 제가 착각하며 사는 거 아시죠?"

한솔이가 장난스러운 말투로 투정을 부렸습니다.

"어머? 쟤 좀 봐. 잘해 줘도 불만이네?"

엄마도 장난을 받아 주셨습니다.

"참, 그런데 한 가지 부족한 게 있어요."

한솔이가 심각한 표정으로 말했습니다. 엄마 아빠는 약속이나 한 것처럼 동시에 뭔데? 하면서 눈을 동그랗게 뜨셨습니다.

"동생이오."

"동생?"

"네, 저도 형제가 있었으면 좋겠어요. 형이나 누나가 생기기는 어려울 것 같으니 동생이 있었으면 좋겠어요."

엄마 아빠의 표정이 갑자기 굳어지셨습니다.

"네? 엄마 아빠, 동생 하나 낳아 주세요!"

한솔이는 엄마 아빠에게 떼를 썼습니다.

"동생이오!"

엄마 아빠는 서로를 쳐다볼 뿐 대답을 하지 않으셨습니다.

3 뭐? 전교 1등?

여름방학이라고 혼자 집에서 텔레비전만 볼까 봐 염려하신 아빠가 한강이에게 숙제를 내주셨습니다. 전학이 2학기부터 이루어지는 셈이니 정확히 여름방학이라고도 할 수 없지요. 그래서 여름방학 과제도 없고요. 그야말로 긴 여름휴가인데 아빠는 그런 한강이를 그냥 놀게만 하지 않을 생각이신 거지요. 아빠가 내주신 숙제는 바로 책 읽기. 일단 서점에 가서 읽고 싶은 책을 열 권이나 찾아서 적어 오시라는군요. 그중에 아빠가 다섯 권을 선정해 주시면 그걸 읽고 독서 감상문을 써야 한다나요? 한강이는 몹시 불만입니다. 책을 읽는 것도 그렇지만, 독서 감상문이라니! 차라리 하루에 다섯 시간 운동하기, 뭐 그런 숙제를 내주시지. 한강이의 성격이 차분하지 못하고 천방지축이라 아빠가 특별히 내주신 숙제라고는 하지만, 이건 너무한 것이 아닌가, 여전히 한강이는 불만입니다. 그렇지만 어떻게 하겠습니까? 한강이에게 단 하나뿐인 아빠인데 아빠 말씀을 들을 수밖에요. 한강이는 터덜터덜 서점을 찾아갔습니다.

이사 온 지 얼마 되지 않아 서점이 어디에 있는지조차 모르는 한강이지만, 그리 걱정할 필요는 없습니다.

한강이는 일단 전학 갈 학교로 갑니다. 그리고 학교에서 상가 쪽을 향해 걷습니다. 학교가 있으면 당연히 서점도 있는 법! 한강이는 자신의 명석한 추리력에 스스로 기특해합니다. 뭐, 이쯤이야! 비록 공부는 중간 정도밖에 못하지만, 한강이는 잔머리 쓰는 데는 1등이라고 자부합니다.

"뭐, 자랑은 아니지만, 내가 공부하는 머리 말고 다른 머리는 좀 뛰어나지!"

한강이는 혼잣말로 중얼거리며 서점을 찾아 걸어갑니다. 학교에서 상가 쪽으로 걷는데, 그 옆 골목으로 담이 높은 집들이 많이 있습니다.

"우아!"

한강이는 절로 감탄이 나옵니다. 담만 높은 게 아니라 집도 어마어마하게 큽니다. 커다랗고 잘 가꾸어진 나무들만 담 밖으로 고개를 쭉 내밀었을 뿐, 안은 하나도 보이지 않습니다. 하지만 엄청나게 좋은 집일 거라는 생각이 듭니다. 한강이는 몹시 궁금해집니다. 담 안의 집이 어떻게 생겼는지 말이에요. 그렇지만 그런 집을 구경할 수 있는 방법은 없겠지요.

그때, 한강이에게 한 가지 재미있는 생각이 떠오릅니다.

'저렇게 큰 집에 초인종을 누르면, 개가 먼저 뛰어나올까 아니면 사람이 먼저 뛰어나올까? 내가 초인종을 눌러도 마당이 넓어서 사람이 나오기까지 시간이 좀 걸리겠지? 그렇다면?'

한강이는 입가에 미소를 띠었습니다. 그리고 높은 담들이 있는 집 가운데 하얀 대문 앞에 섭니다. 그리고 초인종을 눌렀습니다.

띵동띵동. 소리가 날 거라고 생각했는데, 처음 들어 보는 음악 소리가 납니다. 한강이는 잠시 어리둥절해 두리번거렸습니다.

누군가 인터폰을 받기 전에 뛰어야겠다고 마음먹고 한강이가 막

발걸음을 떼려는 순간, 대문이 열립니다.

"악!"

한강이는 절로 놀라서 막 뛰기 시작합니다. 달리기 하면 또 이한강이 아닙니까? 이상하게도 체육 시간에 달리기할 때는 기록이 별로 좋지 않게 나오는데, 장난을 치거나 이렇게 도망칠 때는 갑자기 발이 빨라집니다.

한강이는 숨을 헐떡이며 상가 앞에 도착했습니다.

"휴, 하필이면 그때 딱 맞춰서 누가 나올 게 뭐람?"

한강이는 살았다, 하는 표정으로 큰 숨을 내쉬고 주변을 두리번거립니다. 간판들이 어지럽게 걸려 있어 서점이 눈에 딱 띄지 않습니다.

"앗! 저기 있다."

한얼서점. 상가 1층 코너에 서점이 있었습니다.

"서점 이름이 꼭 나랑 형제인 것처럼 비슷하네? 한강이, 한얼이. 히히."

한강이는 서점 안으로 들어갔습니다. 서점은 생각보다 넓었습니다. 곁에서 볼 때는 그렇게 넓게 보이지 않았는데 안에는 책이 참 많았습니다. 서점에는 책을 사러 온 사람뿐만 아니라 주인으로 보이는 뚱뚱한 아저씨가 카운터에 앉아 계셨고, 책을 정리하는 예쁜 점원 누나가 한 명 있었습니다. 한강이는 예쁜 누나에게 다가갔습니다.

"누나!"

"아이고, 깜짝이야."

흰 장갑을 끼고 책을 정리하던 점원 누나가 화들짝 놀랐습니다.

"어서 와!"

누나는 처음 보는 한강이를 마치 여러 번 본 것처럼 반겨 주었습니다. 한강이는 괜히 기분이 좋아졌습니다.

"있잖아요? 초등학생이 읽을 만한 좋은 책 좀 추천해 주실래요?"

"호호, 내가 추천하는 것보다 네가 직접 고르는 것이 더 좋을 것 같은데? 나보다 네가 더 책을 잘 알지 않을까?"

점원 누나는 얼굴뿐만 아니라 목소리도 예뻤습니다. 괜히 기분이 좋았습니다. 그리고 한강이는 자신이 책을 많이 읽는 아이처럼 보이는 것 같아 더 기분이 좋았습니다.

한강이는 점원 누나에게 웃어 보이며, '어린이 교양 도서'라고 쓰인 팻말 아래로 갔습니다. 그곳에는 책이 정말 많았습니다. 만화책에서부터 학습지, 동화, 과학, 철학, 위인 시리즈까지 너무나 다양한 책들 앞에서 입이 떡 벌어졌습니다.

'대체 뭘 골라야 하지?'

한강이는 난감했습니다. 눈에 띄는 것은 물론 만화책이지만 만화책을 고르는 건 예쁜 점원 누나 앞에서 체면이 좀 깎이는 일인 것 같고 또 아빠의 심사에서 탈락할 게 뻔할 거라고 생각한 한강이는 동화와 시리즈가 있는 쪽으로 눈을 돌립니다.

일단 한강이는 제목이 마음에 드는 것으로 고른 뒤, 되도록 글씨보다는 그림이 많은 것을 고르기 시작합니다. 마치 명화집을 보는 듯한 동화 그리고 글씨가 큼지막한 위인전, 과학 원리를 그림으로 설명해 놓은 과학책 등을 고릅니다. 이것저것 고르다 보니 벌써 일곱 권이나 골랐는데, 그 다음부터는 쉽지가 않습니다. 일단 한강이는 주머니에서 메모지를 꺼내 골라 놓은 책의 제목과 출판사 그리고 가격을 적었습니다. 그리고 천천히 다른 책들을 살펴보았습니다.

'쉽게 읽는 철학책' 시리즈를 살펴보았습니다.

'철학? 에잇, 철학은 너무 어려워.'

한강이는 이것저것 뒤적이다 '로크의 타불라라사'라는 책을 발견했지만, 철학이라는 말만큼이나 제목이 어렵다고 생각했습니다. 책을 펴 보지도 않고 밀어 두려던 한강이 뒤에서 점원 누나가 힐끔 한강이를 쳐다봅니다. 누나의 시선을 느낀 한강이는 밀어 두려던 책을 펴고 다시 읽는 척을 했습니다.

어? 그런데 이게 웬일일까요? 책의 첫 장을 폈는데, 글씨는커녕 하얀 종이뿐이네요? 몇 장을 더 넘기자 글씨가 나오긴 했지만, 책의 첫 장부터 아무것도 없는 하얀 종이가 나와서 한강이는 당황했습니다. 그렇지만 이한강이 누굽니까? 아주 태연한 척 책장을 넘기며 점원 누나의 눈치를 살핍니다.

"좋은 책 많이 골랐니?"

예쁜 점원 누나가 한강이의 어깨를 짚습니다. 어깨가 따뜻해집니다. 한강이는 누나의 손이 닿은 어깨가 간질거려서 이죽이죽 웃습니다.

"예!"

그러나 남자답게 씩씩하게 대답합니다.

"오늘은 제법 씩씩한데? 그런데……"

누나는 한강이가 고른 책을 살펴봅니다.

"그런데 이건 어제 사 갔던 책이잖아? 같은 걸 또 사려고?"

"네?"

한강이는 깜짝 놀랐습니다. 어제 사 간 책이라니요? 한강이는 이 서점에 오늘 처음 왔는데요? 그러고 보니 점원 누나는 마치 한강이를 여러 번 본 것처럼 친근하게 말하는 것 같았습니다. 그때서야 한강이는 점원 누나가 자신을 다른 아이와 착각하고 있다고 생각했습니다. 조금은 기분이 언짢았습니다.

"제가 언제 이 책을 샀어요?"

"어제 사 갔잖아. 타불라라사가 무슨 뜻이냐고 내게 물어서 내가 라틴어로 하얀 종이란 뜻이라고도 말해 줬는데, 기억 안 나니?"

점원 누나는 이상하다는 듯 한강이의 얼굴을 빤히 쳐다봅니다.

"아이참, 저는 이 서점에 오늘 처음 왔어요."

"뭐? 처음이라고. 넌 날마다 우리 서점에 들르잖아. 애가 오늘따라 장난을 치네?"

점원 누나가 고개를 갸우뚱합니다.

"정말이라니까요? 전 이 동네 이사 온 지 며칠 되지도 않았고 서점에도 처음 오는 거예요. 제가 책 읽은 걸 얼마나 귀찮아하는데요. 읍!"

한강이는 쓸데없는 말까지 한 것을 곧 후회하고 입을 막았습니다. 책 읽기를 귀찮아한다는 말은 하지 말았어야 했는데……. 한강이는 자신의 말실수에 움찔했습니다.

"너 초록초등학교 5학년 전교 1등, 이한솔 아니니?"

"네? 전교 1등이라고요?"

한강이는 눈이 동그래졌습니다. 전교 1등이라니! 반에서 1등도 못하는데, 1등은커녕 10등도 못하는데……, 전교 1등?

"그래, 맞지? 너 지금 장난치는 거지?"

점원 누나는 다시 한번 한강이를 빤히 쳐다봅니다.

"맞네! 왜 장난치고 그래?"

점원 누나가 한강이의 등을 짝 내리칩니다.

"아휴! 정말 답답하시네. 저는 초록초등학교에 다니는 것이 아니라 방학이 끝나면 2학기부터 초록초등학교에 전학을 갈 거고, 전교 1등은……, 어쨌든 그것도 아니고 이한솔이 아니라 이한강이에요!"

한강이는 답답하다는 듯 가슴을 팍팍 쳤습니다.

"이한강?"

"네!"

그리고는 소리를 버럭 질렀습니다.

"아이고 깜짝이야. 하기야 모범생이 오늘은 왜 장난을 치고 소리도 버럭버럭 지르나 했다."

점원 누나는 뒤돌아서려다 다시 한강이의 어깨를 짚었습니다.

"그럼……, 너랑 한솔이랑 쌍둥이니? 누가 형이야?"

"뭐라고요?"

한강이는 점원 누나가 자꾸 다른 아이랑 자신을 헛갈려 말해서 기분이 나빴습니다.

"매일 서점에 오는 전교 1등 이한솔이랑 너랑 형제 아니니? 이름도 비슷하고 생긴 것도……, 똑같은데?"

"나처럼 잘생긴 애가 또 있다고요?"

한강이가 점원 누나에게 물었습니다.

"호호호!"

점원 누나는 어이가 없다는 표정으로 웃었습니다.

"정말 나처럼 잘생긴 애가 또 있다는 건 정말 놀라운 일이지만, 전 형제가 없거든요. 귀한 외동아들이지요."

한솔이는 고개를 외로 꼬고 으쓱대며 말했습니다.

"거참, 희한하네? 정말 그 애랑 똑같이 생겼는데, 정말 너 이사 온 지 얼마 되지 않았니?"

"아이참, 그렇다니까요."

한강이는 점원 누나에게 괜히 화가 났습니다. 자꾸 자신을 다른 아이와 닮았다고 해서 그렇기도 했지만, 그 아이가 전교 1등이라는 말이 더 마음에 걸렸습니다.

'뭐야? 이한솔인지 뭔지……, 생긴 게 나랑 비슷하다니, 잘생긴데다 공부도 잘하는 거야? 치! 그리고 왜 이름은 또 나랑 비슷한 건데? 정말 짜증 나!'

한강이는 점원 누나에게 인사도 하지 않고 그냥 서점을 나섰습니다. 책 제목을 일곱 개밖에 적지 못했지만 더 이상 책을 고를 기분이 아니었습니다.

한강이는 집으로 돌아오는 길에 갑자기 자신과 똑같이 생겼다는 아이가 궁금해졌습니다.

도대체 한솔이라는 아이와 한강이는 얼마나 닮은 걸까요? 정말 닮았을까요?

4 또 왔구나?

한솔이는 오늘도 서점에 가려고 합니다. 서점은 도서관과 달리 자유로움이 있습니다. 도서관에서는 조용히 해야 하고, 또 읽고 싶은 책을 마음대로 찾기가 힘듭니다. 책이 다양하게 구비되어 있지 않기 때문이지요. 게다가 신간은 한참을 기다려야 하고요. 그렇지만 서점에는 신간이든 구간이든 항상 넉넉하지요. 또 책을 사는 것에 돈을 아끼지 말아야 한다는 부모님 덕택에 갖고 싶은 책은 마음대로 살 수가 있거든요. 한솔이는 서점에 가기 위해 집을 나섭니다. 엄마는 차 조심을 하라고 또 한참이나 잔소리를 하십니다. 이제 어린애가 아니라고 말씀드려도 엄마는 한솔이를 항상 걱정하십니다. 한솔이가 막 대문을 나서려는데 초인종이 울립니다.

"어? 이 시간에 누구지?"

엄마와 한솔이는 서로를 바라봅니다. 한솔이가 대문을 열었습니다. 한 아이가 쏜살같이 달아나는 것이 보입니다.

"정말 한심하다니까! 또 누가 장난으로 초인종을 누르고 도망갔어요."

한솔이가 팔짱을 끼고 도망치는 아이를 쳐다보자 엄마는 웃습니다.

"어서 갔다 와."

"네, 엄마."

한솔이는 서점을 향해 걷습니다.

'정말 한심해!'

한솔이는 혼잣말로 중얼거립니다. 한솔이는 장난 삼아 초인종을 누르는 행동이 바람직하지 못하다고 생각합니다. 누군가 바쁜 일을 하고 있는데, 장난으로 초인종을 누른다면 얼마나 큰 방해가 되겠어요? 재미 삼아 그런 것이니 그걸 꼭 나쁜 일이라고 할 수는 없지만 참 쓸모없는 짓이라고 한솔이는 생각합니다.

서점에 들어서자 또 뚱뚱한 주인아저씨는 카운터에서 졸고 계십니다. 예쁜 점원 누나는 열심히 일하고 있는 중이고요.

"누나, 안녕하세요?"

한솔이는 점원 누나에게 공손하게 인사를 합니다.

"어머, 어머!"

점원 누나는 뭔가 놀란 듯이 소리칩니다.

"너, 이한솔이 맞지?"

"네?"

점원 누나가 호들갑을 떨며 한솔이에게 다가와 얼굴을 뚫어져라 쳐다봅니다. 한솔이는 그런 점원 누나가 이상하기만 합니다.

"대체 무슨 일이세요? 저 한솔이 맞아요."

"글쎄, 세상에 나 오늘 너랑 똑같이 생긴 애 봤다!"

"뭐라고요? 저랑 똑같이 생긴 애요?"

한솔이는 점원 누나의 말에 어리둥절했습니다.

"그래, 너랑 똑같이 생긴 애가 우리 서점에 왔었어. 깜빡 속아서 난 그 애가 넌 줄 알았지 뭐니?"

한솔이는 점원 누나의 말이 뭐가 뭔지 잘 모르겠다는 표정을 지었습니다.

"그러니까 우리 동네에 새로 이사 온 아이인데, 참 2학기 때부터 네가 다니는 초록초등학교에 전학한다더라. 어쨌든 그 아이가 너랑 너무나 똑같이 생겼지 뭐니? 이름도 이한강이래. 그래서 나는 그 애와 네가 쌍둥이 형제인 줄 알았지 뭐야? 그런데 그 아인 형제가 없다더라고."

점원 누나가 입에 오토바이를 매단 듯 빠르게 말을 합니다.

"저도 형제가 없는데요? 누나가 잘못 보신 것 아니에요? 그리고 좀 비슷하게 생긴 사람이 있을 수도 있지요, 뭐."

한솔이는 자신과 닮은 아이가 있다니 좀 궁금하기는 했지만, 대수롭지 않게 생각했습니다. 한솔이는 '어린이 교양 도서' 코너로 가서 책을 뒤적였습니다. 점원 누나가 한솔이를 따라와 계속 말했습니다.

"아니야, 그냥 비슷하게 생긴 게 아니라 아주 똑같이 생겼다니까! 너도 직접 보면 아마 놀랄 거야."

비슷한 정도가 아니라 똑같다니요? 한솔이는 점원 누나의 말이 믿기지가 않았습니다. 세상에는 수많은 사람들이 있으니 보는 사람의 눈에 따라 좀 비슷하게 보일 수도 있겠지만 똑같은 사람은 아마 없을 것입니다. 일란성 쌍둥이 정도라면 모를까. 한솔이는 점원 누나에게 새로 나온 책이 없느냐고 물으며 책을 고르기 시작했습니다.

창작 동화 한 권과 개기일식에 관한 과학 책 한 권을 사서 한솔이는 집으로 돌아옵니다.

'비슷한 정도가 아니라 너랑 똑같이 닮았다니까!'

집으로 돌아오는 길에 한솔이는 문득 점원 누나의 말이 생각났습니다. 정말 알 수가 없는 일입니다. 쌍둥이가 아니고서야 세상에 똑같은 사람이 있을 수 있을까요? 게다가 이름도 비슷한 이한강이라니. 한솔이는 자꾸만 자신과 똑같이 닮았다는 한강이라는 아이가 궁금해집니다. 혹시 어렸을 적에 헤어졌던 쌍둥이 형이나 동생이 있는 건 아닐까? 그렇게 생각하고 나니 한솔이는 웃음이 납니다. 가난하거나 형제가 많으면 모를까 가족이 헤어질 리가 없지요. 종종 텔레비전에서는 그런 이유로 아이를 버리기도 한다지만 우리 집은 부자인 데다 부모님의 사랑이 깊으신데 설령 아이를 실수로 잃어버렸다고 해도 찾지 못했겠어요? 한솔이는 쓸데없는 생각을 떨쳐 버리려고 고개를 흔듭니다. 그런데도 자꾸 점원 누나의 말이 마음에 걸립니다.

혁명의 아버지 로크

영국의 왕 헨리 8세는 독실한 가톨릭 신자였지만, 왕위를 물려줄 왕자가 없어서 왕비와 이혼하고 새로운 왕비를 얻어 아들을 낳고자 하였습니다. 그러나 가톨릭에서는 이혼을 하지 못하게 법으로 금지하고 있었죠. 헨리 8세는 당시 교황 클레멘트 7세에게 이혼을 허락해 줄 것을 부탁하였답니다. 하지만 교황은 허락하지 않았죠.

자존심 강한 헨리 8세는 1534년 새로운 법을 만들어 영국의 모든 교회는 교황의 말을 듣지 말고 자신의 말에 따르라고 공포하고 영국의 국교인 성공회를 만들었답니다. 이것이 영국의 종교개혁입니다. 그런데 영국 사람들 중에는 우리가 개신교라고 이야기하는 프로테스탄트를 믿는 사람들도 많았답니다. 가톨릭이 갖고 있는 나쁜 요소를 믿지 않았던 것이죠. 특히 영국 사람들은 도덕과 윤리를 엄격하게 지키며 살려고 노력하였습니다. 이런 영국 사람들의 생각이 새롭게 만들어 낸 종교가 청교도랍니다.

헨리 8세의 노력에도 불구하고 영국 사람들은 "나는 영국과 결혼했

다"고 주장하면서 결혼을 하지 않은 헨리 8세의 딸인 엘리자베스 1세를 왕으로 모셨답니다. 엘리자베스 여왕이 죽자 영국에서는 왕위를 이을 사람이 없었습니다. 결국 영국 사람들은 헨리 7세의 증손자인 제임스 1세를 왕으로 모셨습니다.

제임스 1세는 왕으로서 능력이 부족하였으며, 욕심과 사치가 아주 심한 왕이었답니다. 결국 제임스 1세는 암살당하고 말았습니다. 그 뒤를 이어 아들 찰스 1세가 왕이 되었지만 찰스 1세도 정치를 잘하지 못했습니다. 결국 영국의 청교도는 크롬웰 장군을 중심으로 청교도혁명을 일으켜 찰스 1세를 몰아내고 찰스 2세가 왕위에 올랐습니다. 하지만 찰스 2세도 나쁜 정치를 하였습니다. 특히 찰스 2세는 영국 사람들이 싫어한 가톨릭을 부활시키려고 노력했습니다.

바로 이 청교도혁명에 로크의 아버지는 아주 중요한 역할을 하였습니다. 아버지의 영향을 받은 로크는 이후 새프츠베리라는 정치가를 만납니다. 새프츠베리는 찰스 2세의 정치에 가장 큰 반대를 했던 정치가였답니다. 찰스 2세는 동생에게 왕위를 물려주려고 했답니다. 새프츠베리와 로크는 찰스 2세가 동생에게 왕위를 물려주지 못하게 반대 운동을 하였습니다. 이때 로크는 새프츠베리의 부탁을 받고 프랑스로 가서 반대 운동을 하였습니다.

하지만 찰스 2세의 동생은 제임스 2세로 즉위하였답니다. 결국 새프츠베리는 네덜란드로 망명하여 그곳에서 죽고 말았습니다. 그리고 로크는 두 번 다시 영국으로 돌아갈 수 없게 되었습니다. 다행인지 불행인지 제임스 2세의 폭정을 참지 못한 영국 사람들은 1689년 명예혁명을 일으켰습니다.

영국 사람들은 제임스 2세를 몰아내고 네덜란드의 왕 윌리엄과 그의 왕비 메리를 영국 왕으로 모셨습니다. 메리는 제임스 2세의 딸이었답니다. 1688년 윌리엄이 영국의 왕이 되어 영국으로 갔습니다. 다음 해인 1689년 로크는 메리와 함께 영국으로 돌아왔습니다.

메리가 제임스 2세의 딸이기 때문에, 영국 사람들은 메리가 제임스 2세의 명예 회복을 할지도 모른다고 생각했답니다.

영국 사람들과 국회의원들은 옛날부터 내려오는 영국의 자유와 권리가 어떻게든 보호받아야 한다고 생각했습니다. 그래서 영국 사람들은 윌리엄과 메리에게 권리장전을 약속받고 왕으로 즉위시켜 주었습니다. 이렇게 윌리엄과 메리는 영국 사람들의 자유와 권리를 보호해 준다는 약속을 함으로 명예혁명을 성공적으로 이끌었습니다.

바로 이 권리장전을 만드는 데 많은 도움을 준 사람이 로크입니다. 로크는 찰스 1세 때 만들어진 권리청원을 중심으로 권리장전을 만들었습니다. 이 권리장전에 따라 제임스 2세는 다시는 영국 왕이 될 수 없게 되었습니다. 그리고 이 권리청원을 바탕으로 영국의 입헌군주

제가 시작되었습니다.

  오늘날 영국 사람들은 자유와 권리의 중요성을 강조하고 있습니다. 그리고 이러한 자유와 권리는 청교도혁명과 명예혁명의 결과로 이루어졌습니다. 로크의 아버지는 청교도혁명에 직접 관여하였고, 로크는 명예혁명에 직접 참여하였습니다.

  바로 이러한 로크의 혁명 정신이 오늘날 영국의 정치인 입헌군주제를 도와 영국 사람들이 자랑하는 자유와 권리를 얻는 데 큰 도움이 되었답니다.

우린 달라!

 선과 악, 그리고 상과 벌은 이성적인 피조물에게 유일한 동기(motive)이다. 이것들은 모든 인류가 일을 하도록 다그치며 이끄는 박차와 굴레이다.

— 로크

1 뭔가 수상해!

오늘은 웬일로 아빠가 카레라이스를 만들어 주셨습니다. 물론 감자와 양파투성이 카레이지만 그래도 맛은 끝내 줍니다.

"에이, 카레에 고기나 햄이 좀 들어가면 더 맛있는데……."

한강이는 숟가락질을 멈추지 않고 아빠에게 말합니다.

"야, 나도 밥이 좀 타지 않았으면 더 맛있을 것 같다."

아빠의 말에 한강이는 기가 죽습니다. 아빠가 카레를 만드는 동안 밥하는 건 한강이가 맡았기 때문입니다. 그런데 잠깐 한눈을 파는 사이에 밥이 타 버렸지 뭐예요? 뜸을 충분히 들여야 맛이 있는데 말이에요.

"그러니까 그 흔한 전기밥솥 하나 사면 얼마나 좋겠어요?"

한강이가 볼멘소리를 합니다.

"둘이 살면서 무슨 전기밥솥이냐? 전기밥솥이 있으면 밥만 잔뜩 해 놓게 되고 그러다 먹지 않으면 버리기 일쑤일 텐데……. 이렇게 귀찮아도 압력 밥솥에 딱 한 끼 먹을 분량만 해서 먹으면 찬밥도 안 생기고, 누룽지도 먹을 수 있고 얼마나 좋아?"

"그러니 이렇게 밥을 태우는 일이 허다하지요."

"그건 네가 정신을 바짝 차리지 않고 밥을 하니까 그렇지!"

맞는 말입니다. 아빠의 말이 백번 옳아요. 밥만 잘되면, 압력 밥솥에 금방 지은 밥이 훨씬 맛있지요. 한강이는 조금 탄 밥에 감자와 양파투성이 카레를 비벼 한 그릇을 뚝딱 비웁니다.

"참, 한강아! 너 아빠가 책 제목 열 권 적어 오라는 것 했어?"

"당근, 아니, 당연히 했죠!"

한강이는 낮에 서점에서 적어 온 종이 쪽지를 보여 드렸습니다.

"어디 보자. 오호, 제법인데! 골고루 수준 있는 책을 골랐구나? 아빠는 만화책만 적어 올 줄 알았는데."

아빠가 쪽지를 보시며 흐뭇해하십니다.

"제 수준을 너무 낮게 보신 거 아니에요?"

한강이는 짐짓 화난 척했습니다.

"그럼, 이걸 읽고 독서 감상문도 쓸 수 있다는 말이지?"

아빠가 한강이의 눈치를 살피십니다.

"······그건 좀······."

한강이는 독서 감상문이라는 말에 또 맥이 쑥 빠집니다.

"어? 그런데 왜 일곱 권밖에 안 적어 왔어? 분명 아빠가 열 권 적어 오라고 했던 것 같은데?"

"아······, 그러니까······, 그게······."

한강이는 말을 더듬습니다. 그래요. 생각해 보니 서점에서 점원 누나의 말 때문에 기분이 상해서 그냥 와 버린 것이 그때서야 생각났습니다.

"그러니까, 있잖아요······."

"왜 말을 더듬는데? 무슨 일 있었니? 또 변명 같은 걸 늘어놓을 궁리를 하는 거지?"

"아니에요! 그러니까요, 세상에, 말도 안 되는 말을 듣고 기가 막혔지 뭐예요?"

한강이는 답답하다는 듯 가슴을 쾅쾅 쳤습니다.

"대체 무슨 말을 들었기에 횡설수설이야?"

"아빠, 제가 낮에 서점에 가서 책을 고르는데요, 거기엔 정말 예쁜 점원 누나가 있거든요? 정말 예뻤어요. 그래서 기분 좋게 책을 고르고 있는데, 글쎄 그 누나가 하는 말이요."

"서론이 너무 길다!"

"그러니까요, 아주 기가 막힌 얘길 들어서 그래요."

"그러니까 뭐라고 했는데?"

"세상에 나처럼 잘생긴 애가 또 하나 있다는 거예요."

"하하하!"

아빠가 허탈하게 웃으십니다.

"아이, 웃으실 일이 아니고요. 그 아이가 아주 나랑 똑같이 생겼대요. 그런데요, 더 짜증나는 건 그 애가 전교 1등이라지 뭐예요? 치, 전교 1등이면 다야? 아유! 짜증나! 나랑 똑같이 생겼는데, 이름도 비슷한 거 있죠?"

한강이는 아빠의 웃음소리에도 아랑곳하지 않고 낮에 있었던 일을 재잘재잘 댑니다. 아빠는 웃음을 멈추십니다.

"이······, 이름이 뭐라는데?"

아빠의 표정이 점점 굳어지십니다.

"이한솔이요. 내가 이한강인데, 그 앤 이한솔이래요. 공부만 빼고 생긴 것도 이름도 비슷하다니 정말 짜증 나요. 누가 나랑 똑같은 티셔츠만 입어도 짜증 나는데!"

"이……, 한솔이라고?"

"네! 정말 웃기죠? 그렇죠?"

한강이는 코웃음을 칩니다. 그리고 그 아이는 분명 자신과 다르게 생겼을 거라고 생각합니다. 점원 누나가 잘못 본 것이라고……. 한강이가 한솔이라는 아이와 닮았다는 이야기에 이렇게 짜증을 내는 이유는 아마도 자신보다 공부를 더, 그것도 훨씬 잘한다는 것 때문에 비교가 되어서 그런 것 같습니다. 한강이는 혼잣말로 중얼거립니다.

"좋아! 내가 확인해 봐야겠어!"

아빠는 어느새 묵묵히 설거지만 하고 계십니다.

한편 한솔이도 집에 돌아와 낮에 서점에서 있었던 일을 엄마 아빠께 말씀드렸습니다. 그랬더니 엄마는 갑자기 머리가 아프다며 방으로 들어가셨습니다. 아빠도 따라 들어가시더니 곧 거실로 나오셨습니다. 한솔이는 엄마가 몹시 걱정되었습니다. 평소에 건강하신 분이라서 갑자기 머리가 아프다는 말씀을 하신 적이 한 번도 없었거든요.

"엄마는 괜찮으세요?"

"응. 조금 쉬면 괜찮을 거야. 오늘 좀 피곤하셨나 보다."

한솔이는 고개를 끄덕이면서도 엄마가 걱정되었습니다. 한솔이는 닫힌 안방 문을 슬그머니 쳐다보았습니다.

"그런데 말이야. 한솔아, 아까 했던 말⋯⋯."

아빠는 뭔가 말씀하시려다가 끝을 맺지 못하십니다.

"무슨 말이요?"

"서점에서⋯⋯."

"아, 서점에서 점원 누나가 저랑 똑같은 애를 봤다는 거요? 정말 말도 안 되죠? 어떻게 세상에 똑같은 사람이 있을 수 있겠어요? 아마 잘못 본 것이겠죠, 뭐."

한솔이는 대수롭지 않게 대답했습니다.

"한솔이 네가 직접 본 건 아니고?"

"예, 그러니까 믿을 수 없다는 거예요."

"그 애가 이곳에 새로 이사 왔다고?"

아빠는 뭐가 그리 궁금하신지 자꾸 물어보십니다.

"네, 2학기 때 초록초등학교로 전학 온대요."

"너랑……, 같은 학년이라고?"

"예."

"이름도……, 비슷하다고 했나?"

"예, 이한강이래요."

한솔이는 알 수가 없었습니다. 아까 엄마와 함께 거실에서 과일을 먹으면서 한솔이가 다 했던 말인데 아빠는 또 같은 말을 계속 물어보시네요? 그러고 보니 엄마도 한솔이가 낮에 서점에서 들었던 이야기를 하던 도중에 갑자기 머리가 아프다고 하더니, 이번엔 아빠가 같은 말을 계속 물어보십니다. 한솔이는 고개를 갸우뚱했습니다.

아빠는 고개를 몇 번 끄덕이시더니 엄마가 어떤지 방에 가 봐야겠다며 들어가셨습니다. 한솔이도 방으로 돌아와 책상 앞에 앉았습니다. 오늘 낮에 산 과학 책을 펼쳤는데, 아무 글자도 눈에 들어오지 않습니다.

"정말 이상하시네?"

한솔이는 또 고개를 갸우뚱합니다. 말도 안 되는 황당한 이야기를 재미로 한 것뿐인데 부모님의 반응은 의외로 심각하신 것 같습니다. 그래서 한솔이는 자꾸 뭔가 마음에 걸립니다. 점원 누나의 말이 사실인 것 같기도 했습니다. 부모님께서 한솔이와 똑같은 아이가 있다는 말에 과민 반응을 보이시는 걸 봐서 뭔가 비밀이 숨겨져 있는 것만 같습니다.

"정말, 내게 또 다른 형제가 있는 건 아닐까?"

한솔이는 또 심각하게 중얼거립니다. 그러나 그럴 리는 없습니다. 어려서부터 한솔이는 형제 없이 혼자 자랐고, 아빠의 성도 이씨이며 아이를 버리거나 잃어버릴 부모님이 아니십니다. 설령 그렇다 하더라도 벌써 찾지 않았겠어요? 한솔이는 그럴 가능성은 전혀 없다고 단정 짓습니다. 그러나 자꾸 이상한 느낌이 드는 건 어쩔 수가 없습니다.

"그래, 확인하면 되잖아?"

한솔이는 내일 서점에 가기로 했습니다. 어차피 날마다 가는 서점이지만, 자신과 똑같은 아이가 서점에 올지가 문제이군요. 어쨌든 서점에서 한 번은 마주칠 테고, 그것도 아니라면 2학기 때 학교에서라도 보게 되겠지요. 한솔이는 그 애가 어떤 아이인지는 모르지만, 정말 궁금합니다.

2 한강이와 한솔이, 드디어 만나다

한강이는 만화책이 있는 코너에서 킥킥거리며 만화책을 읽느라 정신이 없습니다. 이렇게 재미있는 책을 열 권의 도서 목록에 넣을 수 없는 것이 정말 안타깝습니다. 한강이는 한 권의 만화책을 다 읽고 또 다른 만화책을 펼칩니다. 그런 한강이를 점원 누나는 뚫어져라 쳐다봅니다.

"정말 똑같이 생겼는데 말이야."

점원 누나는 혼잣말로 중얼거립니다.

"크크크! 우하하하!"

한강이는 웃음을 참지 못합니다.

"야, 너 만화책에 침 묻히면서 보면 안 된다!"

뚱뚱한 주인아저씨가 쪼그려 앉아 만화책을 보는 한강이에게 소리를 치십니다. 한강이가 깜짝 놀라 고개를 듭니다.

"어? 네가 웬일이니? 만화책을 다 읽고? 모범생이 별일이네?"

아저씨가 말씀하시자 점원 누나가 주인아저씨를 잡아당겨 카운터로 데리고 갑니다. 한강이는 그런 점원 누나와 주인아저씨를 힐끗 쳐다보고는 다시 만화책을 봅니다. 그리고 또 웃음보를 터뜨립니다.

점원 누나는 주인아저씨에게 귓속말로 뭔가를 속삭입니다. 그때 한솔이가 서점에 들어옵니다. 점원 누나와 주인아저씨가 한솔이를 잡아당깁니다.

"어쩜, 정말 똑같이 생겼구나?"

주인아저씨는 놀라며 말했습니다. 점원 누나는 쉿, 하면서 한솔이에게 한강이가 있는 쪽을 가리킵니다. 구석에 쭈그려 앉아 있는 아이가 한솔이는 잘 보이지 않습니다.

"바로, 저 애야. 너랑 닮았다는 아이……."

점원 누나가 이번엔 한솔이의 귀에 대고 속삭입니다. 한솔이는 고개를 끄덕입니다. 그리고 침을 한번 삼키고 만화 코너로 갑니다. 점원 누나와 주인아저씨는 그런 한솔이를 지켜봅니다. 한솔이는 괜히 가슴이 두근거립니다. 정말로 자신과 똑같이 생긴 아이가 짠, 하고 나타날까 봐 조금은 두렵기도 합니다. 그런데 왜 두렵기까지 할까요? 한솔이는 소심한 자신의 성격이 조금은 원망스럽습니다. 한솔이는 자신의 가슴을 쾅쾅, 두 번 치고 만화 코너로 걸어갑니다. 아이가 바닥에서 만화책에 코를 박고 킥킥거리고 있어 한솔이에게는 아이의 까만 머리통밖에 보이지 않습니다. 아이를 쳐다보던 한솔이는 그만 얼굴을 찌푸립니다.

'사지도 않을 책이면서 어쩜 저렇게 침을 발라 가며 읽을 수가 있지? 그리고 다른 사람은 생각하지도 않고 큰 소리로 웃어 대다니, 정말 예의라곤 없는 아이야!'

한솔이는 서점의 책을 함부로 읽고 공중도덕도 잘 모르는 아이가 자신과 닮은 아이라는 것이 싫었습니다. 한솔이는 그 아이가 자신과 전혀 닮지 않았으면 좋겠다고 생각했습니다. 한솔이는 아이에게 가까이 다가갔습니다. 그때 아이가 고개를 들었습니다.

한강이는 누군가 머리 위에서 자기를 내려다보고 있다는 느낌이 들어 고개를 들었습니다.

"어?"

한강이는 짧게 소리쳤습니다. 요즘 최고 인기인 스포츠 회사 상품의 신발과 옷을 입고 앞에 서 있던 아이가 한 걸음 뒤로 물러섰습니다.

"네가 이한솔이니?"

한강이가 벌떡 일어나 엉덩이를 털었습니다.

"……."

"난 이한강이야."

한강이는 손을 내밀어 악수를 청했습니다. 적어도 남자라면, 초면에 악수 정도는 먼저 권할 줄 알아야 한다고 한강이는 생각했습니다. 한강이는 자신의 행동에 스스로 뿌듯했습니다. 한솔이는 아무 말도 못하고 쭈뼛쭈뼛 서 있기만 합니다.

"히야, 정말 너 나랑 똑같이 생겼구나? 나처럼 잘생긴 애는 세상에 없는 줄 알았는데……. 히히."

한강이는 한솔이의 손을 잡고 흔들었습니다.

"정, 정말이었구나……. 점원 누나 말이……."

한솔이는 아직도 멍했습니다. 눈앞에 자신과 닮은 아이가 서 있는 것을 보고 있으면서도 믿어지지가 않았습니다. 그리고 적잖이 실망을 했습니다. 한강이는 자신과 똑같이 생겼지만 자신보다 지저분하고 가난해 보였기 때문입니다. 함부로 바닥에 앉고 먼지를 털어서인지 악수를 청하는 손은 더럽고 손톱 밑이 까맸습니다. 그리고 한강이가 입고 있던 옷은 시장에서 만 원에 두 장씩 파는 아주 싸구려 티셔츠였습니다. 얼굴은 자신과 비슷하게 생겼지만, 차림새나 행동이 너무 달랐습니다. 한솔이는 마치 자신이 지저분하고 싸구려 옷을 입고 있는 것만 같아서 부끄러운 생각이 들었습니다.

"이한솔! 널 만나기 위해서 내가 여기서 이렇게 계속 기다리고 있었다는 것 아니냐? 네가 이곳에 날마다 온다고 해서 말이야."

한강이는 자신과 똑같은 아이가 있다는 것이 놀랍고 신기하기도 했지만 한편으론 재미있기도 했습니다. 마치 영화나 동화 속에 나올 법한 일이 아니고서야 이런 일이 있을 수 없다고 생각했지요.

"응. 나도 궁금해서 왔어."

한솔이도 자신과 똑같은 아이를 실제로 보니 뭐라 설명할 수 없을 만큼 기분이 이상했습니다.

"어쨌든 이런 신기한 일은 정말 처음이야. 일단 우리 나갈래?"

한강이는 한솔이를 잡아끌었습니다. 한솔이는 이제 무엇을 어떻게 해야 할지 몰랐습니다. 자꾸 힐끔힐끔 쳐다보는 점원 누나와 주인아저씨가 불편하기도 했고, 서점에서 큰 소리로 말하는 것도 예의가 아닌 것 같아 한솔이는 한강이가 이끄는 대로 밖으로 나갔습니다.

한강이와 한솔이는 학교 운동장으로 갔습니다. 운동장은 여름방학 중이라 텅 비어 있었습니다. 한강이와 한솔이는 나란히 그네에 앉아 말없이 서로만 힐끔힐끔 쳐다보고 있었습니다. 어색한 침묵이 한참 동안 흘렀습니다.

"야, 무슨 학교에 애들이 하나도 없냐?"

한강이가 큰 소리로 먼저 말하며 한솔이의 눈치를 살핍니다.

"방학이니까 그렇지."

한솔이가 심드렁하게 대답합니다.

"방학이라도 그렇지, 운동장에서 뛰어노는 애들이 이렇게 없단 말이야?"

한강이가 한솔이를 쳐다보았습니다. 아무리 봐도 자신과 정말 비슷하게 생긴 아이가 신기하기만 합니다.

"방학이라고 뭐 놀기만 하니? 학원도 가야 하고 캠프도 가야 하고……. 또 그동안 학교 수업 때문에 자주 가지 못했던 도서관이라든가 박물관 같은 데도 다녀와야 하고!"

한솔이는 그저 노는 것에만 관심이 있는 것 같은 한강이에게 충고를 하듯 말했습니다.

"야! 방학이면 좀 놀기도 하면서 체력 단련도 하고 정신적으로 휴식도 갖고 그래야지, 무슨 보충 수업에 나머지 공부까지 하냐? 너 전교 1등이라더니 잘난 척만 할 줄 알지 뭘 잘 모르는구나?"

"뭐라고? 너처럼 놀 생각만 하는 애들은 발전이 없어. 자기에게 자유롭게 주어진 시간을 잘 활용해야지, 함부로 낭비하면 되겠어?"

한강이와 한솔이는 티격태격합니다.

"아이참, 한솔이 너 정말 답답한 애구나?"

"너야말로, 말이 안 통해!"

한강이와 한솔이는 서로를 외면하고 다른 곳을 쳐다봅니다.

'자식, 정말 나랑 똑같이 생겼네? 그런데 남자가 뭐 저리 소심할까? 말도 잘못하고 여자애처럼 쭈뼛거리기만 하고. 생긴 것만 좀 비슷하지 나랑은 완전 딴판이야. 닮았다는 게 같은 남자로서 부끄럽다!'

한강이는 그네를 타며 속으로 그렇게 생각합니다.

'뭐야? 저런 애가 나랑 닮았다니. 처음 보는 사람한테 함부로 이래라저래라 하고 예의도 없는 것 같고, 좀 지저분한 것도 같아. 난 저 애와 달라!'

한솔이는 그네에서 내려 나무 아래 그늘로 혼자 뚜벅뚜벅 걸어갑니다.

"같이 가!"

한강이가 한솔이를 쫓아갑니다.

3 우리는 일란성 쌍둥이

한강이와 한솔이는 일란성 쌍둥이 형제입니다. 그래서 생김새가 똑같지요.

한강이와 한솔이가 어렸을 적 부모님은 유학 문제로 크게 다투셨습니다. 결혼을 해서 아이를 낳고 안정적인 생활을 하고 싶어 했던 엄마와는 달리 아빠는 결혼을 해서도 좀 더 넓은 세상에서 많은 것을 배우고 싶어 했습니다. 그래서 유학을 가기로 결심을 했지요. 그런 아빠를 엄마는 이해할 수가 없었습니다. 가정을 꾸리고 또 아

이까지 있는 가장이 멀리 떠나 자신을 위해 공부를 하겠다니요. 가
장으로서 무책임하게 유학을 가려는 아빠를 엄마는 말렸습니다.
아빠는 엄마에게 다 같이 떠나자고 설득했습니다. 그러나 엄마는
낯선 땅에서 아무 기반도 없이 아이 둘을 키우며 남편 공부 뒷바라

지하며 생활할 자신이 없었습니다. 아빠 역시 엄마의 말대로 현실
에 안주하여 아이들만 돌보며 지내고 싶지 않았습니다.

엄마와 아빠는 한 치의 양보도 없이 자신들이 원하는 생활을 주
장했습니다. 의견 차이가 나니 자주 다툴 수밖에요. 그래서 두 사

람은 서로가 원하는 방식의 생활을 위해 조금씩 양보하기보다는 이혼을 선택하기로 했습니다. 그러나 두 사람 사이의 아이가 문제였습니다. 아이의 문제에 있어서도 서로 양보를 하지 않았습니다. 불행인지 다행인지 일란성 쌍둥이 형제는 이혼을 하게 된 부모님에게는 참 공평했습니다. 똑같이 생긴 남자 아이 둘이니 다투지 않고 한 아이씩 맡아 기르면 되었지요. 그래서 한강이는 아빠가, 한솔이는 엄마가 데리고 갔습니다.

한솔이를 안정적인 가정에서 키우고 싶어 했던 엄마는 한솔이와 같은 이씨 성을 가진 남자와 결혼을 하였습니다. 엄마는 한솔이에게 편모 가정 혹은 의붓아버지와 함께 살아가면서 느낄 수 있는 부족감을 주고 싶지 않았습니다. 의붓아버지 역시 엄마와 같은 생각을 갖고 계신 분이었습니다. 그래서 아이도 더 낳지 않고 한솔이에게 친아버지처럼 친절하고 자상하게 대해 주셨지요. 그야말로 행복하고 부유한 가정 속에서 한솔이는 모범생으로 자랐습니다.

아빠는 2년 동안 한강이를 할머니에게 맡기고 프랑스로 유학을 떠났습니다. 그곳에서 문학을 전공했지만 아빠는 작가가 되고 싶었던 것은 아닙니다. 자유롭고 개성 있는 프랑스의 생활을 경험하고 싶었지요. 그러한 감각을 살려 아빠는 카피라이터가 되었고 작은 광고 회사를 차리게 되었습니다. 아빠는 유학을 다녀온 후 새로운 사업을 시작하느라 경제적으로 몹시 어려움을 겪었습니다. 그렇지만 아빠는 한국에 돌아오자마자 제일 먼저 한강이를 데려와 혼자 힘으로 아이를 키웠습니다. 넉넉하게 키우지는 못해도 사랑으로 자유롭고 건강하게 키울 자신이 있었거든요. 아빠는 세상이 정해 놓은 틀 안에서 모범적으로 살아가기보다는 자신의 생각대로 과감하게 도전하며 살아가는 정신이 더 중요하다고 항상 주장하십니다. 한강이는 당당하고 낙천적인 아이로 자랐습니다.

한강이는 아빠에게, 한솔이는 엄마에게 자신들이 일란성 쌍둥이라는 사실을 듣게 되었습니다. 엄마와 아빠는 서로를 원망하기보다 서로의 삶을 행복하게 하기 위한 노력이었다고 말씀하셨습니다.

'세상의 모든 사람들이 같은 생각으로 똑같이 살 수 없는 일이니까, 난 엄마 아빠의 생각을 존중해.'

한강이는 엄마 아빠의 이혼이 나쁘지 않다고 생각했습니다.

'가장 어려운 순간 그것을 포기하는 것이 아니라 최선의 선택을 하는 거야. 그것이 올바르게 살아갈 수 있는 방법일 거야.'

한솔이는 이혼은 잘못되었지만 어쩔 수 없는 상황에서는 인정해야만 한다고 생각했습니다.

한강이와 한솔이는 부모님의 이혼보다 자신들이 형제라는 사실이 더욱 놀라웠습니다. 이제 와서 부모님의 이혼이 문제될 것은 없었습니다. 한강이와 한솔이 모두 자신의 생활에 만족하고 있었고, 부모님의 결정으로 자신들이 잘 성장할 수 있었다고 믿었으니까요.

그러나 자꾸 마음에 걸리는 것은 한강이와 한솔이가 형제라는 사실입니다. 한강이와 한솔이는 둘 다 형이나 동생이 있었으면, 하고 바라 왔지만 정작 형제가 있다니 당황할 수밖에요. 그리고 엄마 아빠의 이혼 문제를 이해하는 차원을 넘어서 두 사람은 서로에게 끌리면서도 너무나 다르다고 생각했습니다. 그 다르다는 것이 두 사람이 형제라는 사실을 자꾸 부정하는 것 같기도 했습니다. 정말이지 외모는 일란성 쌍둥이니 닮을 수밖에 없겠지만, 어쩌면 그리도 성격이 다를까요?

4 만남

　가족들과 연인들이 오리 배를 타고 햇빛에 반짝거리는 호수 위를 한가롭게 노닙니다. 평화롭고 행복한 모습입니다.

　"우리도 오리 배 타면 안 돼요?"

　한강이가 일어서서 창밖을 가리키며 말합니다. 그러자 한솔이가 의자 밑에서 발로 한강이를 톡톡 칩니다. 한강이는 다시 의자에 앉아 음식을 먹습니다. 음식을 먹는 소리밖에 들리지 않습니다.

　"아이참, 이러다 다들 체하겠어요. 말 좀 하면서 먹든지 아니면 오리 배를 타러 나가든지!"

한강이가 다시 침묵을 깨고 말합니다. 한강이 옆에 앉아 계신 아빠가 큼큼, 기침을 두 번 합니다. 그러자 한솔이 옆에 앉아 계신 엄마가 콜록콜록 하면서 억지로 기침을 합니다. 한솔이가 엄마에게 물을 따라 드립니다.

호수가 보이는 음식점에 한강이와 한솔이 그리고 엄마 아빠가 마주 앉아 점심을 먹기 시작한 지 벌써 40분이 다 되어 가지만 어떤 누구도 먼저 말을 꺼내는 사람이 없었습니다. 엄마가 한강이를 보자마자 훌쩍거리는 바람에 갑자기 침묵이 흘렀고, 엄마가 겨우 눈물을 거두시자 이번엔 아빠가 한솔이 손을 잡고 놓아주지 않은 채로 또 한참이나 침묵이 흘렀습니다.

"한솔이를 참 잘 키웠소. 아주 의젓하고 똑똑하고……."

아빠가 한솔이의 머리를 쓰다듬어 주십니다. 한솔이는 어쩐지 아빠가 어색합니다. 집에 계신 아빠가 자신의 친아빠인 줄 알았는데, 지금 머리를 쓰다듬어 주시는 분이 친아빠라니 어리둥절했지요. 하지만 참 손이 따뜻하고 부드러운 분이라고 한솔이는 생각합니다.

"한강이 역시 잘 키우셨네요. 참 명랑하고 씩씩해요."

엄마는 한강이에게 웃어 보입니다. 한강이는 엄마가 좋습니다.

자신이 생각했던 것처럼 역시 예쁘시고 상냥하시기 때문이지요. 무엇보다 엄마가 돌아가신 것이 아니라는 것이 참 다행인 것 같습니다. 보고 싶으면 이젠 언제든 볼 수 있으니까요. 상상만 하지 않아도 되니까 말이에요.

"결혼해요!"

갑자기 한강이가 소리칩니다. 한솔이와 엄마 아빠가 눈이 동그래져서 한강이를 쳐다봅니다. 모두 난처한 표정이 되었습니다.

"두 분이 결혼하시면 되잖아요."

"그게……."

"저……."

"야……."

아빠와 엄마 그리고 한솔이가 끝맺지도 못할 말을 한마디씩 합니다.

"왜?"

"난 집에 아빠가 계신데……."

한솔이가 고개를 숙입니다. 아빠가 한솔이의 어깨를 도닥이십니다.

"한강아, 한솔이는 훌륭한 아빠가 계셔. 그리고 엄마와 아빠는 다시 결혼하기 위해서 만난 게 아니란다."

이번엔 아빠가 한강이의 손을 잡습니다.

"미안하구나. 너희에게 이런 모습을 보이게 돼서……."

엄마는 끝내 말을 잇지 못하십니다.

"미안하실 거 없어요. 엄마!"

한강이가 엄마, 하고 말하자 엄마가 한강이에게 웃어 보입니다.

"전 한솔이한테 새아빠가 있는 줄 몰라서 한 말이에요. 참 다행이네요. 한솔이한테 훌륭한 새아빠가 있다니 말이에요. 저는 아빠에게 재혼을 하라고 해도 아빠는 재혼을 하지 않으시거든요. 왜냐면…… 아마도…… 엄마처럼 훌륭한 새엄마를 만들어 줄 자신이 없는 모양이에요. 히히히!"

한솔이와 엄마 아빠가 한강이를 따라 웃습니다.

"그래, 한강이 네 말이 맞다. 아빠는 한강이에게 훌륭한 새엄마를 만들어 줄 자신이 없어. 그렇지만 한솔이에겐 훌륭한 새아빠가 계시고 엄마도 한솔이도 행복해하니까 우리는 그걸 인정해야만 하겠지? 엄마 아빠가 너희들에게 행복한 가정을 지켜 줬으면 더 좋았겠지만, 그렇지 못한 것에는 여러 가지 사정이 있었던 거야. 자신의 삶을 행복하게 만들기 위한 최선의 노력이었다고 봐 주면 더욱 좋고."

"무엇보다 한강이에겐 훌륭한 아빠가 계시잖니?"

엄마가 아빠와 한강이의 얼굴을 번갈아 보셨습니다.

"맞아요!"

한강이가 엄지손가락을 쭉 내밀고 웃어 보였습니다.

"엄마와 아빠는 비록 이혼을 하게 되어 서로 다른 가정을 꾸려 가고 있지만, 너희들이 형제라는 사실은 변하지 않아. 엄마 아빠가 이런 자리를 마련한 것도 너희들이 뜨거운 피를 나누어 가진 형제라는 것을 느끼게 해 주고 싶었던 거야."

아빠는 한솔이와 한강이의 손을 포개어 잡습니다. 포개어 잡은 손이 점점 뜨거워집니다.

"너희들이 우연히 만나서 서로 똑같은 모습에 놀랐다면, 엄마는 너희들이 반드시 만날 수밖에 없는 운명에 놀랐단다. 너희들은 엄마 배 속에서 쌍둥이로 자라면서 두 배의 기쁨을 주었어. 게다가 자라면서도 똑같이 아프고 똑같이 재롱을 부려 슬픔도 행복도 언제나 두 배였지. 유난히 형제임을 증명하듯 성장하는 것도, 행동하는 것도 똑같았고 말이야."

아빠가 엄마의 말씀에 고개를 끄덕이십니다.

"그리고 무엇보다 더 놀라운 것은 너희들이 엄마 아빠가 이혼하고 각자의 가정을 꾸려 생활하고 있는 것에 대해 잘 이해해 주었다는 사실이야. 엄마는 몹시 걱정을 했단다. 부모의 이혼이 자라는 아이에게 나쁜 영향을 주지 않을까 해서 말이야. 그래서 엄마는 한솔이에게 새아빠가 꼭 필요하다고 생각한 거야. 온전한 가정을 만들어 주어야 한다고 생각했지."

"허허, 그런 엄마 덕에 한솔이가 그렇게 의젓하고 똑똑한 아이가 되었구나?"

아빠가 웃으십니다.

"물론 엄마의 생활 방식만이 꼭 옳다는 건 아니야. 아빠의 방식대로 한강이를 자유롭게 키우니까 한강이는 활발하고 씩씩하고 그리고 자신감이 넘치는 아이가 되었잖니?"

엄마가 아빠에게 살짝 미소를 지으십니다.

"맞아요, 맞아! 친구처럼 대해 주시는 아빠 덕에 전 자유롭고 당당한 아이가 된 것 같거든요? 히히. 단점이 있다면, 맛있는 음식을 제대로 먹지 못한다는 것 정도지요."

한강이는 앞에 놓인 음식을 입 안 가득 집어넣습니다. 모두가 그런 한강이를 보며 웃습니다.

"너희들 '타불라라사'라는 말을 아니?"

엄마의 물음에 한솔이는 눈을 동그랗게 뜨며 이야기를 듣기 위해 집중합니다. 그런데 한강이는 여전히 눈앞에 음식을 집어 먹느라 아무 소리도 들리질 않습니다.

"영국에 로크라는 철학자는 인간이 태어났을 때의 마음을 타불라라사라고 했대. 타불라라사는 하얀 종이, 즉 백지라는 말인데 아무런 지식 없이 태어난 인간은 어떤 경험을 하느냐에 따라 자라서 좋은 사람이 될 수도 있고, 나쁜 사람이 될 수도 있는 거지. 그러니까 너희들이 쌍둥이 형제로 태어났지만, 서로 다른 환경에서 여러 가지 경험을 하면서 성격이 조금씩 달라진 것은 당연한 거야. 혹시 너희 둘은 속으로 왜 서로 다를까, 하고 고민하지 않았니? 서로의 다른 모습에 실망을 했을 수도 있고 어쩌면 부러워했을 수도 있지. 하지만 너희들이 엄마 아빠가 이혼을 하고 다른 삶을 살게 된 것을 이해해 줬듯이 너희들이 다르다는 것도 잘 이해해 줬으면 좋겠어. 비록 엄마 아빠는 이혼이라는 것으로 남남이 되었지만, 너희들이 형제라는 사실은 부정할 수가 없거든. 엄마 아빠는 너희들이 형제로서 자연스럽게 만나고 정을 나누었으면 좋겠어."

아빠는 엄마의 말씀에 고개를 끄덕이십니다.

"오랫동안 떨어져 지냈기 때문에 쉽게 친해질 수는 없겠지만……."

한솔이가 한강이를 바라봅니다. 한솔이도 엄마 아빠의 말씀에 절대적으로 공감을 한 모양입니다. 한강이는 이야기는 듣는 둥 마는 둥 뭔가 불만이 있는지 자꾸만 창밖을 내다보며 입을 불쑥 내밉니다.

"왜? 한강이는 다른 생각이니? 뭔가 불만이 있어 보이는데? 엄마에게 말해 봐."

엄마가 걱정스런 표정으로 한강이를 쳐다봅니다.

"치, 뭐 저도 무슨 소리인지 다는 모르겠지만 형제가 있었으면 하고 바랐으니까 다 좋다고요. 그런데……."

"그런데?"

엄마와 아빠 그리고 한솔이가 동시에 묻습니다. 자신을 빤히 쳐다보는 세 사람을 한강이가 힐끔 쳐다보면서 말을 합니다.

"그러니까……, 우리 가족이 만난 것도 기념할 겸, 형제의 정도 나눌 겸 우리 저기…… 오…… 오리 배 타면 안 돼요?"

"하하하하!"

한강이의 말이 끝나기가 무섭게 세 사람이 박장대소합니다. 한강이는 조금 쑥스러웠지만 따라 웃습니다.

너그러운 마음의 필요성

　로크는 청교도혁명과 명예혁명으로 영국이 아주 어수선하던 시절에 살았답니다. 당시 영국 사람들은 종교 문제로 서로 다투었습니다. 이런 모습을 본 로크는 영국 사람들이 종교 문제로 싸우지 말았으면 하고 생각했습니다. 그래서 로크는 영국 사람들에게 너그러운 마음을 가져 줄 것을 부탁했답니다.

　로크는 '절대적 자유, 바르고 참된 자유, 평등하고 공정한 자유'가 영국 사람들에게 꼭 필요하다고 했답니다. 나라가 무엇일까요? 나라는 백성들이 보호받고 이익을 얻기 위해서 만들어진 사회입니다. 나라는 백성들에게 죽고 난 다음 세계를 준비해 줄 필요는 없겠죠?

　종교는 어떻습니까? 종교는 죽고 난 다음의 세계에 대해서 준비를 해 줍니다. 그렇다고 나라라는 사회 안에서 종교인들이 백성들에게 종교를 강요하고 서로 싸울 필요는 없겠죠? 즉, 종교는 나라와는 다른 사회입니다. 백성은 누구나 한 나라에 소속되어야 합니다. 그러나 종교 단체에 가입하고 안 하고는 백성 마음입니다. 종교나 나라가 그것을 강요할 수는 없답니다.

　백성들은 자유롭게 종교를 선택할 수 있습니다. 그러나 국가는 백성에게 이익을 주고 보호하는 것을 자유롭게 선택할 사항이 아닙니다. 그렇기 때문에 국가는 종교가 백성들에게 나쁜 짓을 하지 않는 이상 종교를 가만히 두어야 합니다.

　반면 백성은 국가로부터 종교를 선택할 자유를 인정받았기 때문에, 국가에 대해 보답할 의무가 있답니다. 바로 여기서 로크는 너그러운 마음이 필요하다고 합니다. 백성에게 종교의 자유가 있다는 말은 나라에 살고 있는 모든 사람은 어떤 종교를 믿든 상관이 없다는 말입니다.

　하지만 당시 영국 사람들은 자신이 믿지 않는 종교에 대해서는 서로 비방하고 욕했답니다. 바로 여기서 로크는 너그러운 마음을 생각했답니다. 자기가 믿는 종교가 아닌 다른 종교의 교리나 예배 방법 등에 대해서 비방하거나 무조건 부정적인 이야기를 하면 안 된다는 것입니다.

　모든 종교는 나름대로의 교리와 예배 방법 혹은 종교적인 윤리를 갖고 있답니다. 모든 사람에게 자유가 주어지듯 종교의 교리도 자유롭습니다. 그렇기 때문에 자신이 믿는 종교의 교리를 중심으로 다른 종교의 교리를 감독하거나 욕해서는 안 됩니다. 그래서 로크는 너그러운 마음을 주장했답니다.

　내가 자유롭기 위해서는 다른 사람의 자유를 인정해야 합니다. 내가 절대적 자유, 바르고 참된 자유, 평등하고 공정한 자유를 누리기를 원한다면 다른 사람의 그러한 자유도 우리는 인정해야 합니다. 만약 나의 자유만 인정하고 다른 사람의 자유를 인정하지 않는다면, 나의 자유 또한 있을 수 없습니다.

　로크는 이렇게 자신의 자유와 남의 자유를 위해서 종교에 대한 너그러운 마음이 필요하다고 말했답니다. 다른 종교에 대한 너그러운 마음이 있을 때, 영국 사람 모두의 자유가 보장된다고 로크는 생각했답니다. 그리고 나라는 바로 이러한 너그러운 마음이 생기도록 종교의 자유를 인정해야 되겠죠. 그래야 백성들의 이익과 보호가 이루어진답니다.

경험으로 채우는 마음

 인간의 마음은 출생할 때에는 백지와 같다.

－ 로크

1 내가 형이야!

약속도 하지 않았는데 한강이와 한솔이는 학교 운동장 나무 그늘 아래에서 만났습니다. 처음 두 사람이 형제라는 사실을 알게 되었을 때는 서로 서먹했습니다. 그것은 지금도 마찬가지입니다. 아직도 서로가 너무 다르다고 생각하기 때문입니다. 그래서 형제라는 사실 하나만으로도 자꾸 신경이 쓰이고, 만나야 한다는 강박 관념이 생기는 것은 어쩔 수가 없습니다. 하지만 실제로 만나지 않으면 뭔가 허전했습니다. 그래서 서로 다른 삶을 살고 계시는 부모님을 위해서 한강이와 한솔이는 부모님에게 걱정을 끼쳐드리지 않는 범위 안에서 친구처럼 지내자고 약속했습니다. 두 사람은 같은 생각을 하고 있었습니다. 처음으로 마음이 맞았습니다.

한강이는 흙바닥에 나뭇가지로 낙서를 합니다. 그리고 손바닥으로 쓱쓱 지워 버립니다. 그렇게 낙서를 하고 지우기를 반복하는 한강이를 한솔이는 묵묵히 바라보고 있습니다.

"아무래도 내가 형인 것 같아."

한솔이가 말했습니다.

"넌 너무 어린애 같거든? 흙바닥에 낙서를 하고 그것도 더럽게 손으로 쓱쓱 문지르는 행동은 어린애나 하는 짓이야. 아무리 나랑 닮은 쌍둥이 형제라고 해도 넌 나와 너무 달라. 내가 형인 게 분명해!"

한솔이가 한심하다는 듯 한강이를 쳐다봅니다.

"도대체 뭐가 어린애 같다는 거냐? 이건 창조적인 행동일 뿐이지. 그리고 흙이 왜 더럽냐? 자연과 가까워지려는 행동이지. 나처럼 세상을 넓게 볼 줄 아는 사람이 당연히 형이지. 너처럼 공부만 잘하고 모범적이라고 형이냐? 헤헤."

한강이가 웃으면서 한솔이 옆에 앉습니다.

"아니야, 그래도 의젓하고 신중하게 행동할 줄 아는 사람이 형이야."

한솔이가 어깨를 으쓱이며 말합니다.

"아휴! 오늘 저녁때 내가 아빠께 한번 여쭤 볼게. 누가 형인지!"

한강이는 답답하다는 듯 발을 구릅니다.

"그건 별로 의미 없어. 세상 밖으로 몇 분 몇 초 먼저 나온다고 해서 형이라는 건 말도 안 되니까. 원래 엄마 배 속에서 우리가 세포분열 할 때는……."

"야, 전교 1등! 나 머리 아프니까 그만 해라. 누가 형인지 동생인지 그게 뭐 그리 대수냐? 우리가 형제라는 사실은 분명하지만, 앞으로 친구처럼 지내기로 했잖아."

한솔이의 말이 끝나기도 전에 한강이는 한솔이의 말을 끊습니다. 그리고 한솔이의 말이 너무 복잡하다는 듯 손사래를 치며 자신의 얼굴에 손을 쓱 문질렀습니다.

"에잇! 더럽게. 너 손에 흙 묻었잖아."

한강이가 한솔이에게 더러운 손을 펼쳐 보였습니다.

"아직은 깨끗한데?"

한솔이는 그런 한강이를 보며 웃고 말았습니다. 두 사람은 수돗가로 달려갔습니다.

날씨가 몹시 더웠습니다. 한여름 날씨이니 당연하지만, 유난히 한낮의 기온이 높고 습했습니다. 매미들도 덥다고 아우성치듯 맴맴맴맴매애, 하고 시끄럽게 울어 댔습니다.

수돗물을 틀자 차가운 물이 쏟아졌습니다. 한솔이는 손을 씻었습니다.

"정말 시원하다!"

한강이가 피식 웃습니다.

"그래 가지고 뭐가 시원해? 이 정도는 해야 시원하지."

한강이는 수도꼭지에 머리를 들이밀고 물을 세게 틉니다. 쏴아! 차가운 물이 한강이의 머리 위로 쏟아집니다.

"우와!"

한강이가 소리를 지릅니다. 그 모습을 지켜보는 한솔이도 덩달아 시원한 것 같습니다. 한솔이는 문득 거침없이 행동하는 한강이가 부럽다고 생각합니다. 한솔이 같으면 수건이나 샴푸도 없이 밖에서 머리를 감는다는 건 생각도 못했을 것입니다.

"부모님이 이혼을 하셔서 형제인 우리가 서로 떨어져 살게 된 것은 참 불행한 일이야."

한솔이가 조용히 말을 합니다.

"뭐라고?"

수돗물이 쏟아지는 소리 때문인지 한강이는 한솔이가 하는 말을 못 알아들었습니다.

"그렇지만 우리가 이렇게 다시 만난 건 정말 다행인 것 같아. 생활환경도 성격도 서로 너무 다르지만 생김새는 너무나도 닮아 있잖아? 그리고 무엇보다 우린 형제이고 말이야."

"뭐라고? 잘 안 들려. 다시 말해 봐!"

한강이가 수도꼭지를 잠그고 고개를 듭니다. 머리카락에서 물이 뚝뚝 떨어집니다. 한강이는 머리를 두세 번 세차게 흔듭니다. 머리카락에서 물방울이 사방으로 튑니다.

"앗, 차가워!"

한솔이가 한강이가 튀긴 물을 맞습니다. 한강이는 재미있다는 듯이 한솔이에게 쫓아가 다시 머리를 흔들어 물을 튀깁니다. 한솔이가 수돗가로 달려가 물을 틀어 한강이에게 뿌립니다.

"으악!"

이번엔 한강이가 도망칩니다. 한강이와 한솔이는 그렇게 한참 동안 물장난을 칩니다.

"너에 대해서 더 알고 싶어."

수도꼭지를 잠그며 한솔이가 말합니다.

"뭘 알고 싶은데? 다 알고 있잖아."

"그러니까 어쨌든 우린 형제니까…… 더 잘 알아야 하지 않을까?"

한솔이는 저도 모르게 자꾸만 말을 더듬습니다.

"너 나랑 친해지고 싶구나?"

한강이가 한솔이의 말을 가로챕니다.

"그러니까…… 그렇다고 할 수 있지."

한솔이가 겨우 대답을 합니다.

"야, 좀 쉽고 간단하게 말해라."

한강이는 그런 한솔이를 장난스럽게 쿡쿡 찌릅니다. 한강이도 한솔이와 좀 더 친해지고 싶었기 때문입니다.

"우리 있잖아. 환경 단체에서 주최하는 여름 캠프에 함께 갈래? 부모님께 허락을 받고 말이야."

한솔이가 한강이를 쳐다봅니다.

"그러니까, 방학 동안 환경에 대해서도 생각하고 또…….'

"그냥 나랑 2박 3일 정도로 여행을 함께 가고 싶다고 말하면 될 걸 가지고 뭘 그렇게 돌려 말하니?"

한강이는 우물쭈물하는 한솔이가 귀엽게 느껴집니다.

"아니, 그러니까 그냥 여행이 아니라 환경에 대해서 생각도 하면서 또 자연도 배우고 우리 서로 깊은 대화도 나눠 보고……."

"오케이! 부모님께 잘 말씀드리면 허락해 주실 거야."

한강이가 한솔이의 말을 얼른 잘라 말하며 엄지와 검지를 동그랗게 말아 O자를 그려 보입니다. 언제나 한솔이는 자신의 생각을 직접적으로 말하지 않습니다. 그것이 답답할 때도 있지만 언제나 상대방의 생각을 배려하며 신중하게 말하는 한솔이의 태도가 한강이는 부럽습니다.

2 지리산으로 캠프를 가다

우리나라에 자생하는 야생화에 대해서 알아보는 이번 여름 캠프는 지리산에서 열렸습니다. 식물원이나 책에서 흔히 볼 수 없는 야생화를 직접 본다는 기대도 있지만, 한강이와 한솔이는 함께 2박 3일 동안 멀리 여행을 간다는 설렘에 마음이 잔뜩 부풀었습니다. 전라도와 경상도에 걸쳐 있는 지리산은 아침 9시에 출발했는데도 오후가 되어서야 도착했습니다. 우리는 일단 섬진강변의 민박집에서 하루를 지내고 다음 날 아침 일찍 등산을 하기로 했습니다.

버스 안에서 우리는 지칠 줄 모르고 장기 자랑을 했습니다. 노래를 부르는 아이, 춤을 추는 아이, 개그맨 흉내를 내는 아이, 구연 동화를 하는 아이 등 다양한 장기 자랑이 펼쳐졌습니다.

 한솔이는 장기 자랑할 것이 없다며 계속 사양을 했습니다. 누구나 한 번씩 해야 하는 장기 자랑이기 때문에 한솔이는 어쩔 수 없이 노래를 불렀습니다. '즐거운 나의 집'이라는 곡이었는데, 마치 음악 시간에 시험을 보는 것처럼 긴장해서 노래를 불렀습니다. 요즘 유행하는 엽기송이나 가요를 부르던 아이들은 박장대소를 했지만 그래도 한솔이는 끝까지 노래를 불렀습니다. 모범생답게 포기하지 않는 모습이었지요.

 한강이는 아주 재미있는 이야기로 아이들을 웃겼습니다. 그것은 바로 '라면을 즐기는 101가지 방법'이었는데, 라면에 넣는 재료에서부터 끓이는 방법 그리고 먹는 방법까지 다양한 방법을 얼마나 재미있게 말하는지 어떤 아이는 한강이가 말한 방법으로 라면을 끓여 보겠다며 메모지에 받아 적기도 했습니다. 아빠와 둘이 사는 한강이가 제일 자주 먹는 음식이 라면이라는 말을 했을 때 한솔이는 가슴이 찡했습니다.

 "한강아, 우리도 엄마 배 속에 있었을 때는 똑같았겠지?"

아이들이 지쳤는지 잠시 차 안이 조용해지자 한솔이가 뜬금없는 질문을 합니다. 한강이는 애가 또 무슨 소리를 하려고 이러나 하는 표정입니다.

"이건 엄마가 해 준 얘긴데, 옛날에 어떤 이탈리아 철학자가 사람들한테 지구에 대해 설명을 했대. 지구는 어떻게 떠 있는 걸까? 둥근 지구는 마치 공중에 떠 있는 것 같잖아. 그런데 사실은 태양계 속에서 태양을 중심으로 움직이고 있는 거잖아. 이런 지구를 옛날 사람들에게 설명하기 어려웠나 봐. 그래서 그 철학자는 지구가 큰 코끼리 등 위에 있다고 설명했대. 사람들이 그럼 이 코끼리는 어디에 있느냐고 물었지. 이 철학자는 그 코끼리는 자기보다 더 큰 거북이를 디디고 서 있다고 했대. 그럼 그 거북이는 어디에 있을까? 너는 이 거북이는 어디에 있다고 생각하니?"

"저기, 한솔아, 별로 재미없는데?"

한강이가 따분하다는 듯이 다른 곳을 쳐다봅니다. 하지만 아랑곳 없이 한솔이는 이야기를 계속합니다.

"이 질문에 지구를 설명하던 철학자는 자신도 그 거북이가 어디에 있는지 모른다고 대답했대. 로크라는 철학자는 태어날 때부터 인간이 가지고 태어난다고 생각되는 관념들이 이와 같다고 말했어. 즉, 모든 인간은 처음에는 다 똑같다는 거지. 지식을 만드는 능력 같은 것은 가지고 태어나는 것이 아니니까. 그러니까 너랑 나도……."

"와! 도착했다!"

한솔이의 말이 끝나기도 전에 한강이는 이미 차 앞문으로 쏜살같이 달려 나갑니다. 그런 한강이를 보며 한솔이는 잠시 심각해집니다.

'로크가 반드시 옳다고는 볼 수 없겠는걸…….'

드디어 섬진강변의 민박집에 도착했습니다. 그동안 부모님이 해 주시던 밥만 먹던 아이들은 저녁 식사를 직접 만들어 먹기로 했습니다. 라면은 인스턴트식품이기 때문에 이번 캠프에서는 저녁 식사로 라면을 만드는 것이 금지되었습니다. 아이들은 조금 아쉬워했습니다. 버스 안에서 한강이가 말한 방법으로 라면을 끓여 보고 싶어 하는 아이들이 많았기 때문이었습니다. 밥을 짓고 찌개를 끓이는 것을 원칙으로 주어진 저녁 식사 만들기는 역시 한강이가 속해 있는 조가 일등을 했습니다. 한강이가 밥을 지을 때는 뜸을 들이는 것이 중요하다고 강조하며 밥을 아주 잘 지었기 때문이었습니다. 같은 조인 한솔이도 덩달아 일등이 되었습니다. 한솔이는 그

런 한강이가 정말 대단하다고 생각했습니다. 그리고 한강이가 자랑스럽기까지 했습니다.

다음 날 아침, 드디어 지리산 산행이 시작되었습니다. 지리산은 남한에서 두 번째로 높은 산입니다. 아이들은 지리산에 오르기 전부터 잔뜩 겁을 먹었습니다. 학교가 끝나면 학원으로 달려가거나 컴퓨터 앞에 앉아 게임을 하는 아이들이 대부분이기 때문에 체력이 달리는 아이들이 많았거든요. 그래서 등산 역시 어려운 일이라고 미리 겁을 먹었습니다. 그러나 누가 먼저 산에 오르냐가 중요한 것이 아니라 자연을 자세히 관찰하고 느끼는 것이 중요하다는 선생님 말씀에 아이들은 즐겁게 산을 오르기로 했습니다.

방학을 이용해 산을 오르는 아이들과 가족들 그리고 산을 좋아하는 등산 동호회 사람들로 산은 입구에서부터 붐볐습니다. 한솔이는 지리산을 떠올리며 깊고 조용하고 웅장한 모습을 상상했지만, 기념품이나 음식점들로 가득 차 지저분하고 복잡한 지리산 입구를 보고 몹시 실망을 하였습니다. 지리산 입구는 흡사 장터처럼 시끄럽고 지저분해 보였습니다.

한강이는 각설이 타령을 하는 엿장수 앞에 모여든 사람들 속으로 끼어들었습니다. 우스운 분장을 하고 음악을 크게 틀어 놓고

장구며 북을 치고 타령을 하는 각설이의 모습에 한강이는 절로 어깨를 들썩이며 구경을 했습니다.

"정말 이건 너무해!"

어깨를 들썩이며 각설이 타령에 넋이 빠진 한강이에게 한솔이가 다가와 소리를 칩니다.

"뭐가?"

한강이는 한솔이가 뭔가 심각해져 있다는 걸 느끼며 물었습니다.

"산 입구까지 와서 이렇게 소란을 피워야 하는 걸까? 장터나 공연장에서 각설이 타령 같은 걸 하면 모를까, 등산을 하기 위해 찾아온 사람들까지 저런 소란을 지켜봐야 하는 거냐고."

한솔이는 얼굴을 찌푸렸습니다.

"에이, 난 또 뭐라고. 어때? 재밌잖아. 흔한 구경도 아니고. 산 중간에서 하는 것도 아니고 이것저것 파는 입구에서 하는 건데 뭐. 산에 오르기 전에 사람들의 흥을 돋우어 놓는 것도 좋은 일이잖아?"

한강이는 아무렇지 않게 대답하며 계속 구경을 합니다.

"그래도 장삿속을 이용해 저렇게 떠드는 건 별로 바람직하진 않은 것 같아."

"저길 봐. 엿을 판 이익금의 일부는 양로원에 계신 할머니 할아버지를 위해 쓴다잖아."

한강이가 엿장수의 좌판에 걸린 현수막을 가리킵니다.

"야, 넌 저걸 믿니? 다 상술이지. 그래야 사람들이 엿을 사지. 안 그러면 이 더운 날씨에 엿을 사기나 하겠어?"

한솔이는 한숨을 푹 쉬며 돌아섰습니다.

"한강아, 그만 가자. 저기 다들 모여 있어."

각설이 타령을 더 보고 싶어 하는 한강이를 한솔이가 억지로 끌고 모임 장소로 갔습니다.

3 야생화의 응원

겨우 두 시간 조금 넘게 산행을 했을 뿐인데 아이들은 벌써부터 지치기 시작했습니다. 그도 그럴 것이 대부분의 아이들은 지리산에 처음 와 봤고, 산은 생각보다 깊고 험했기 때문입니다. 종종 만나는 계곡에서 땀을 식혔습니다.

물은 몹시 맑고 시원했습니다. 한강이는 몇몇 아이들과 함께 작은 폭포가 떨어지는 계곡 물속으로 첨벙 뛰어들었습니다. 그 모습을 지켜 본 몇몇 아이들이 환호를 했습니다. 계곡 물속으로 뛰어든 아이들은 덜덜덜 떨면서도 물 밖으로 나오려 하지 않았습니다. 물속에 들어가지 못한 아이들은 계곡에 발을 담그고 첨벙첨벙 물장난을 쳤습니다. 한솔이도 조심스럽게 계곡 물에 발을 담갔습니다. 마치 얼음물 속에 들어온 것처럼 발이 시렸습니다. 이렇게 차가운데 어떻게 한강이는 아무렇지도 않게 폭포 속으로 뛰어들었을까요? 한솔이는 한강이가 정말 대단하게 여겨집니다. 한솔이는 한강이의 온몸으로 거침없이 쏟아지는 폭포를 보며 몸을 으스스 떱니다.

한솔이는 금세 땀이 식어 버렸습니다. 조심스럽게 물 밖으로 나와 한솔이는 울창하게 우거진 산을 둘러봅니다. 온통 푸르게 펼쳐진 세상이 가슴 벅찹니다. 한솔이는 깊게 숨을 내쉬며 팔을 활짝 펴 봅니다. 그런데 저런 저건 뭘까요? 갑자기 한솔이가 얼굴을 찡그립니다.

나무 사이에서 희끗희끗 보이는 것은 분명 사람들이 함부로 버린 쓰레기였습니다. 한솔이는 좀 더 가까이 다가가 살펴봅니다. 역시나 과자 봉지와 일회용 물병이었습니다. 많은 사람들이 오가는 곳이니 쓰레기가 있을 수밖에 없지만, 이곳이 어디입니까? 동네 공원도 아니고, 바로 국립공원인 지리산인데 이런 곳에까지 함부로 쓰레기를 버리다니요.

함께 누려야 할 아름다운 자연이니 함께 지켜야 한다고 한솔이는 생각합니다. 그런데 여전히 저렇게 양심을 버리는 사람이 있다는 사실에 한솔이는 화가 났습니다.

한솔이는 버려진 쓰레기를 주웠습니다. 누군가 한솔이처럼 쓰레기를 주울 수도 있겠지만, 버려진 쓰레기를 보고 똑같이 버릴 수도 있다는 생각이 들었습니다. 말로만 자연을 보호하자는 것은 진정한 자연보호가 아니지요. 한솔이는 주운 쓰레기를 자신의 가방에 넣었습니다.

계곡으로 돌아오니 물속에 들어갔던 아이들이 모두 나와 바위 위에 앉아 옷을 말리고 있었습니다. 뜨거운 태양 아래 달구어진 바위와 돌은 아주 따뜻했습니다. 아이들이 그곳에 누워 하늘을 바라보며 깔깔대고 있었습니다. 한솔이는 한강이를 찾았습니다. 한강이 역시 바위 위에 누워 있었습니다. 마치 축 늘어진 빨래처럼 말이에요. 한솔이가 한강이에게 다가갔습니다.

"에에에, 에취!"

한강이가 재채기를 합니다.

"괜찮니?"

한솔이가 묻습니다.

"응. 아, 바위가 정말 안방처럼 따뜻하다. 에취!"

한강이가 대답하고는 다시 재채기를 합니다.

"아무래도 감기 걸린 것 같은데?"

"에취!"

"그러기에 왜 폭포로 뛰어들어? 발만 담가도 엄청나게 차갑던데."

한솔이는 한강이가 걱정되었습니다.

"얼마나 재미있는데. 네가 안 들어와 봐서 그 기분을 몰라. 마치

신선이 된 느낌이라고. 그리고 정작 물속에 들어가 있으면 오히려 하나도 안 추워. 에취!"

한강이가 연이어 재채기를 해 댑니다.

"재미있다고 분별없이 행동하면 되겠어?"

한솔이는 한강이가 감기에 걸렸을까 봐 걱정이 되어서 말을 꺼낸 것인데 말을 하다 보니 마치 야단을 치고 있는 것 같았습니다.

"봐, 너 자꾸 재채기를 하잖아. 그리고 폭포는 위험할 수 있단 말이야. 갑자기 차가운 물속에 들어가면 심장마비에 걸릴 수도 있고 잘못하다가는 물에 떠밀려 내려갈 수도 있고……. 그리고 지금처럼 감기에 걸려 아플 수도 있잖아. 어떻게 너는 늘 재미만 생각하니? 좀 더 신중하게 생각하지 못하고!"

"누가 너더러 걱정해 달래? 왜 꼬치꼬치 내 일에 참견이야? 네가 용기가 없어서 물에 못 들어온 거지. 너처럼 매사에 이것은 이래서 안 되고 저것은 저래서 안 되고, 어떻게 그렇게 답답하게 사니? 그리고 재채기 좀 한다고 죽어? 남자가 그렇게 쩨쩨해서 어쩔래?"

한강이도 자신을 훈계하는 것 같은 말투의 한솔이에게 짜증을 내고 맙니다. 한강이도 한솔이가 자신을 걱정해서 그런다는 것쯤은 알고 있지만, 매번 잔소리를 해 대는 한솔이에게 그냥 화를 내고 말았습니다.

선생님께서 곧 산행을 시작할 것이니 모두 모이라고 하십니다. 빨래처럼 축 늘어져 있던 아이들이 벌떡 일어나 줄을 맞춰 다시 산을 오르기 시작합니다. 한강이와 한솔이는 아까처럼 나란히 산에 오르지 않고 저만치 떨어져서 오르기 시작합니다.

계곡 물에서 땀을 식힌 아이들은 다시 힘을 내서 씩씩하게 산을 올랐습니다. 그런데 이번엔 한 시간도 채 되지 않아 또 지치기 시작합니다. 한 번 쉬기 시작하니 자꾸만 쉬고 싶어지고 힘이 더 드는 것만 같습니다. 여기저기서 아이들이 끙끙거립니다.

"선생님, 조금만 쉬었다 가요!"

"더 이상 못 올라가겠어요!"

"그냥 내려가요!"

아이들이 아우성을 칩니다. 한솔이는 앞서 가는 한강이를 슬그머니 쳐다봅니다. 한강이도 아까와는 달리 발걸음이 무거워진 것 같습니다.

"자, 이것 좀 봐라!"

선생님이 힘들어하는 아이들에게 소리를 치십니다. 아이들이 선생님이 계신 곳으로 몰려듭니다.

선생님이 가리키신 곳에는 분홍색 꽃이 피어 있었습니다. 온통 푸르고 짙은 큰 나무들만 보다가 바위 틈새에 핀 분홍색의 작은 꽃은 신기하기만 했습니다. 주머니처럼 생긴 분홍 꽃은 하얀색 수술을 방울처럼 매달고 주렁주렁 피어 있었습니다. 어찌나 작고 앙증맞은지 절로 감탄사가 나왔습니다.

"이게 바로 금낭화란다. 이름도 예쁘지?"

"우와!"

아이들은 환호했습니다.

"아, 저기!"

선생님은 좀 더 높은 곳의 바위틈을 가리켰습니다.

"저게 바로 다래야. 너희들이 자주 먹는 키위처럼 생긴 것 말이야."

아이들은 어디 어디? 하면서 선생님이 가리키는 곳을 살펴보았습니다.

"자, 조금만 힘을 내서 가 보자. 더 많은 야생화들이 우리를 응원해 주고 있으니까."

선생님의 말씀에 아이들은 다시 산을 오릅니다.

우리는 산을 오르며 다래나 금낭화뿐 아니라 기린초, 가새쑥부쟁이, 타래난초 등을 보았습니다. 처음 들어 보는 이름인데다 처음 보는 야생화가 신기하기만 했습니다. 야생화는 자그마한 꽃으로 눈에 잘 띄지도 않지만 그 아름다움은 정말 신비롭기만 했습니다. 바위 틈새에서 끈질긴 생명력으로 피어나는 야생화의 생명력이 놀랍기도 하고요. 야생화는 화단이나 정원에 탐스럽게 피어나는 꽃은 아닙니다. 그렇지만 때가 되면 잎을 틔우고 꽃을 피우는 야생화는 참 대견합니다. 누가 돌보지 않아도 스스로 아름답게 자라기 때문이에요.

"비록 작고 초라하더라도 스스로 아름다움을 지니면, 사람들이 그것을 찾기 마련이란다. 선생님은 그것이 바로 내면의 아름다움이라고 생각해. 겉으로 드러나지 않지만 모두가 느낄 수 있는 아름다운 마음. 그 마음이 전해지면 스스로 뽐내지 않아도 사람들이 알아주기 마련이지. 이 작고 초라한 야생화가 이름 없이 산속에 피어 있다고 해도 그 아름다움에 반해 매번 이 깊고 험한 지리산을 찾는 사람들이 많은 걸 보면 알 수 있겠지?"

선생님의 말씀에 떠들썩하던 아이들이 숙연해지며 고개를 끄덕거립니다.

"자, 잘 들어 봐. 들리니?"

갑작스런 선생님의 질문에 아이들이 어리둥절해합니다. 아이들

은 서로를 쳐다보며 무슨 소리가 들려? 하는 표정입니다.

"안 들려? 그럼, 다시 한 번 잘 들어 봐. 야생화들이 힘내! 힘내! 영차! 영차! 하면서 응원하는 소리가 안 들려?"

선생님의 말씀에 아이들이 허탈하게 웃습니다.

"에이! 난 또 뭐라고."

귀를 기울였던 아이들이 조금은 실망 섞인 목소리로 말했습니다. 그렇지만 아이들은 아주 즐거워했습니다.

"어?"

갑자기 한강이가 놀란 표정으로 소리칩니다. 아이들이 한강이를 쳐다봅니다.

"정말, 야생화들의 응원 소리가 들리는데요?"

아이들이 한강이의 너스레에 박장대소를 합니다.

"가만, 쉿!"

한강이가 웃는 아이들을 조용히 시키며 또 무언가를 듣는 척합니다.

"야생화들이 또 뭐라고 말하는 데요?"

아이들은 한강이의 너스레에 속아 넘어가 줍니다.

"뭐라고 그러는데?"

"많이 힘들지요? 배도 고프지요? 조금만 더 가면 선생님께서 맛있는 점심 식사를 준비해 주실 거예요, 하는데요?"

아이들이 또 한 번 웃습니다. 한솔이도 그런 한강이를 보며 피식 웃습니다. 그리고 여기저기서 아이들이 아우성을 칩니다.

"맞아, 맞아. 너무 배가 고파요!"

"한강이가 야생화의 말을 제대로 알아들었는데? 안 그래도 조금만 더 올라가서 점심을 먹으려고 했거든."

선생님의 말씀에 아이들이 산이 떠내려갈듯 와아 하고 함성을 지릅니다. 그러고 보니 한솔이도 배에서 꼬르륵 소리가 들리는 것만 같습니다.

4 새롭게 태어나다

간단한 도시락으로 점심을 먹고 우리는 다시 힘을 내서 산을 올랐습니다. 야생화들의 응원을 받아서인지 처음보다 씩씩하게 산을 올랐습니다. 우리의 목적지는 정상인 천왕봉이 아니었습니다. 우리는 산 중턱에 있는 산장까지만 가기로 한 것이지요. 처음부터 정상까지 오르겠다는 것은 지나친 욕심일 겁니다. 게다가 지리산은 남한에서 두 번째로 높은 산인걸요? 그렇게 높은 산을 어린이들이 정상까지 오른다는 것은 아무래도 무리겠지요. 정상보다도 더 의미 있는 것을 깨닫고 배운 것은 바로 야생화의 마음이 아닐까 싶습니다. 야생화는 낮은 곳에서 작게 피어나지만 정상보다도 더 높은 뜻을 우리에게 전해 주었으니까요.

어쨌든 우리는 산장에 도착해 다시 저녁을 직접 해 먹고 탈피 의식을 하기 위해 강당에 모였습니다. 탈피 의식이라는 말은 처음 들어 보는 말이었는데, 선생님께서 '껍질을 깨는 의식'이라고 하셨습니다. 우리는 저녁을 먹고 휴식 시간에 탈피 의식에 대한 이런저런 이야기를 나누며 잔뜩 기대를 하고 있었습니다.

강당에 들어서자 선생님께서는 달걀과 초를 하나씩 나누어 주셨습니다. 아이들은 양손에 달걀과 초를 들고서 웅성웅성 강당에 모였습니다. 드디어 선생님이 초에 불을 붙이고 나타나셨습니다. 우리는 숨을 죽이고 선생님의 말씀에 귀를 기울이고 있었습니다. 선생님이 도우미 누나에게 손짓을 하자 강당의 불이 꺼졌습니다. 아이들이 놀라서 우우, 하는 소리를 냈습니다. 강당 안은 온통 어둠이었습니다. 옆에 있는 사람의 모습조차도 보이지 않았습니다. 다만 촛불을 켜고 계신 선생님의 모습만 겨우 보였지요.

한솔이는 조금 두려운 생각이 들었습니다. 아무것도 보이지 않았기 때문이지요. 어두워서 아무것도 보이지 않을 뿐이지 한솔이 옆에는 분명 누군가가 있을 거라고 생각합니다. 이 강당 안에는 캠프에 참여한 아이들로 가득 차 있겠지요. 그때 누군가 옆에서 한솔이를 콕콕 찔렀습니다. 한솔이는 누군지 모르지만 그 아이의 손을 꼭 잡았습니다. 불안이 조금 사라지는 것 같았습니다. 그래요. 안 보일 뿐이지 이곳엔 많은 아이들이 모여 있지요.

"아마도 처음엔 이 세상도 이렇게 어둠뿐이었겠지요."

선생님이 드디어 말씀을 하십니다.

"한 사람이 이렇게 빛을 들고 있으면 빛을 들고 있는 곳만 환할 겁니다. 그러나 그 빛을 나누면 점점 밝아지겠지요?"

선생님은 미소를 지으시며 앞에 있는 한 아이에게 다가가 자신의 촛불을 아이의 초에 옮겨 붙입니다. 이제 촛불이 두 개가 밝혀졌습니다. 아까보다 더 환해졌습니다. 그리고 촛불을 옮겨 받은 아이는 다시 그 옆의 아이에게, 그 옆의 아이는 다시 그 옆의 아이에게 촛불을 옮겨 붙이기 시작했습니다. 점점 강당이 환해지기 시작했습니다.

"한 사람 한 사람이 모여 우리가 되면, 세상은 점점 더 밝아지고 환해집니다. 나 혼자서는 살 수 없지요. 우리가 함께 살아가기 때문에 밝고 환한 세상이 되는 거예요. 나 자신이 중요하다면 또 다른 사람도 중요하고, 그래서 바로 우리가 중요한 것이에요. 또한 그것은 우리뿐만 아니라 우리를 둘러싸고 있는 모든 환경이라고도 볼 수 있어요. 오늘 보았던 작은 야생화에서부터 울창한 나무, 그리고 계곡과 그 모든 것이 이룬 거대한 산……, 이 모든 것이 함께여서 아름다웠던 거예요.”

한솔이는 옆의 아이에게 촛불을 옮겨 받았습니다. 그리고 다시 옆의 아이에게 촛불을 옮겼습니다. 어둠 속에서 손을 꼭 잡았던 아이였지요. 한솔이는 촛불을 옮겨 주면서 설핏 놀랐습니다. 그 아이는 바로 한강이었거든요. 한강이는 씩 웃어 보이며 촛불을 받았습니다. 강당은 어느새 환해졌습니다.

“어둠 속에 있다가 이렇게 환해지니 새로운 세상에 나온 것 같지요?”

“네!”

아이들의 대답 소리가 우렁찹니다.

“새들은 힘찬 날갯짓으로 세상을 향해 날아오르기 위해 힘겨운 싸움을 해야만 합니다. 그것은 바로 딱딱한 껍질을 깨고 세상 밖으로 나오는 것이지요. 온통 어둠뿐인 알 속에서 넓은 세상을 향해 나오기 위해 온 힘을 다해 껍질을 깨는 거예요. 알을 깨고 나온

새는 참새가 되기도 하고 까치, 독수리, 도요새, 딱따구리가 되기도 하지요. 알을 깨는 힘겨움을 이겨 내는 것은 똑같지만 서로 다른 새로 태어나는 것입니다."

아이들은 선생님 말씀에 귀 기울이며 엄숙해집니다. 각자의 마음속에 무엇인가 깊이 새겨 넣는 것처럼 말이지요.

"우리가 새처럼 알에서 깨어날 수는 없지만, 엄마 배 속에서 태어난다는 것은 새와 다를 바가 없지요. 같은 엄마 배 속에서 태어난 쌍둥이라도 조금씩은 서로 다른 모습을 하고 서로 다른 성격을 갖기도 해요. 하물며 서로 다른 부모 그리고 다른 도시에서 태어나 서로 다른 환경을 접한 우리들이 모두 같을 수는 없지요."

선생님의 말씀에 한솔이와 한강이는 약속이나 한 듯이 서로를 바라봅니다.

"여러분도 잘 알고 있는 중국의 맹자라는 사람은 성선설을 주장했어요."

"알아요!"

몇몇 아이들이 입을 모아 대답했어요.

"맹모삼천지교! 어머니가 자식의 교육을 위해서 세 번이나 이사했다는 이야기로 유명한 그 맹자 맞지요?"

한 아이가 제법 설명을 잘합니다.

"맹자는 모든 사람이 태어날 때는 착하다고 했어요."

다른 아이도 한몫 거들어 말합니다.

"그래요, 그런데 세상을 살아가면서 나쁜 것도 배우고 좋지 않은 것도 알게 되어 나쁜 사람이 생긴다고 본 것이지요. 그게 바로 여러분이 잘 알고 있는 맹자의 성선설이에요."

"반대로 성악설도 있잖아요?"

목소리가 꾀꼬리처럼 맑은 여자 아이가 물었어요.

"네, 있어요. 반대로 순자라는 철학자는 사람은 태어날 때 아주 나쁜 본성을 갖고 태어난다고 했지요. 그러나 교육을 통해서 나쁜 마음이 사라지고 좋은 사람이 된다고 했어요."

"그렇지만 착한 마음과 악한 마음을 모두 같이 갖고 태어날 수도 있잖아요?"

한강이가 고개를 절레절레 흔들며 물었습니다.

"그렇다면 착한 마음과 악한 마음, 둘 다 없이 태어날 수도 있다고 봐야지 않겠어?"

한솔이가 한강이에게 되물었습니다.

"하하하! 여러분 모두 철학자 못지않은데요? 그래요, 우리가 생각한 것처럼 옛날의 철학자들도 그렇게 생각했어요. 영국의 철학자 존 로크는 사람은 착한 마음이니 악한 마음이니 하는 것을 갖고 태어나는 것이 아니라고 했어요."

"선생님, 로크는 그런 사람의 마음을 타불라라사라고 했지요?"

한솔이가 선생님께 되묻자 아이들이 감탄을 합니다. 로크라는 철학자도 처음 들어 보는 이름인데, 타불라라사라니요? 그건 또 뭘까요? 선생님은 한솔이를 바라보시며 흐뭇한 미소를 지으십니다.

"맞아요. 한솔이가 어려운 말을 알고 있네요?"

"라틴어인 타불라라사는 하얀 종이라는 뜻이래요. 마치 하얀 종이처럼 사람의 마음은 아무것도 없이 태어난다는 것이죠."

한솔이가 설명을 덧붙이자 몇몇 아이들이 박수를 칩니다.

'으이그, 저 잘난 척쟁이 전교 1등 같으니라고!'

한강이는 한솔이를 바라보며 그렇게 말하고 싶은 걸 꾹 참습니다. 그렇지만 아이들이 한솔이에게 박수까지 치며 대단하다는 눈빛으로 쳐다보니 괜히 한강이는 으쓱해집니다.

"한솔이 말이 정확해요."

안경을 쓴 아이가 선생님께 다시 질문을 합니다.

"로크의 말대로라면, 착한 마음도 악한 마음도 갖지 않고 태어나는 사람이 어떻게 착한 마음 혹은 악한 마음을 갖고 살게 되는 걸까요? 어떻게 능력을 갖고 지식을 얻을 수 있을까요?"

"경험!"

"경험?"

선생님의 말씀에 아이들이 눈을 동그랗게 뜨고 선생님의 말을 따라 합니다.

"로크는 그렇게 태어난 사람은 주위 환경이나 교육에 따라 종이에 그림을 그리듯이 여러 가지 경험을 통해 자신의 마음을 채우는 것이라고 했어요."

아이들이 고개를 끄덕입니다.

안경을 쓴 아이가 선생님께 다시 질문을 합니다.

"경험이 뭔데요?"

누군가 질문을 했습니다. 엉뚱한 질문 같았지요. 경험이 경험이지 뭐! 하는 표정으로 아이들이 웃었습니다. 그런데 정작 경험이 무얼까? 하고 묻는다면, 선뜻 대답을 할 수 없을 것 같았습니다.

"사람들에게는 다섯 가지 감각이 있어요."

"네! 보는 것, 듣는 것, 냄새 맡는 것, 맛보는 것 그리고 느끼는 것!"

한 아이가 우렁차게 대답합니다.

"그렇지요. 그럼, 우리는 이 다섯 가지 감각을 가지고 무엇을 알 수 있을까요? 없을까요?"

선생님이 다시 묻습니다.

"당연히 알 수 있지요. 우리는 보고 듣고 느끼면서 새로운 지식을 얻으니까요."

한강이가 대답합니다.

"바로 이렇게 사람의 다섯 가지 감각을 통해서 얻는 지식을 로크는 경험이라고 했어요."

"그럼, 이 다섯 가지 감각만 있으면, 모든 지식을 다 경험할 수 있는 건가요? 그건 아닐 것 같은데요?"

한 여자 아이가 아닐 거라는 확신에 질문을 합니다.

"물론 아니에요. 로크는 이 다섯 가지 감각을 통해서 얻은 것을 관념이라고 했어요. 그리고 이 관념으로 모든 지식을 얻을 수 있는 것이죠."

"좀 어려운데요? 이해가 잘 안 돼요."

"그러니까, 음……."

선생님도 잠깐 생각을 하셨습니다.

"사람들은 만지거나 눈으로 본 다음 어떤 물건이 무엇이다, 라고 하겠지요? 그렇게 안 것은 먼저 감각을 통해서 이해한 거예요. 그 다음 마음속으로 느끼겠지요. 이것은 저것과 다르다, 하고 말이에요. 이런 것은 마음속으로 의식한 거예요. 로크는 이 두 가지를 통해서 우리가 무엇을 알 수 있다고 말했어요."

아이들이 고개를 끄덕거렸습니다. 한솔이가 빙그레 웃으며 말했습니다.

"정리하자면, 로크는 우리가 지금까지 몰랐던 새로운 사실이나 물건에 대해서 알기 위해서 두 가지가 필요하다고 했어요. 먼저 사람의 다섯 감각을 통해서 알고 감각을 통해서 안 것을 마음속으로 다시 한 번 생각하고 정리해서 완전하게 알게 된다고요. 이런 작업을 로크는 반성이라고 했어요. 처음 보는 물건을 보고 이렇게 감각과 반성을 통하여 완전하게 알게 된 것을 로크는 관념이라고 한 것이죠."

"우와."

또 한 번 아이들이 탄성을 질렀어요. 한솔이는 으쓱했지요. 한강이도 이번엔 한솔이의 등을 도닥였어요.

"음, 정말 대단해!"

한강이의 칭찬에 한솔이는 더 우쭐해졌습니다.

"로크는 경험론을 주장한 철학자인데 경험론의 가장 기본적인 말이 바로 이 관념이라는 거예요. 경험으로 얻어진 이런 관념이 타불라라사에 마치 그림처럼 하나하나 수놓아지게 되지요. 사람은 이렇게 지금까지 몰랐던 새로운 사실을 하나하나 알게 되는 거예요."

아이들은 여기저기서 타불라라사……, 하면서 웅성거렸어요.

"갑자기 철학 공부를 하게 되었는데 설명이 너무 길어진 것 같지요? 어쨌든 그래서 우리는 오늘 상징적인 의미로 알을 깨는 의식을 가져 보려고 해요. 그리고 알에서 새롭게 태어난 우리는 로크의 말대로 착한 마음도 악한 마음도 지니지 않은 하얀 종이 같은 마음으로 다시 태어날 거예요. 새로 태어난 여러분들은 여러 가지 경험을 통해 또 새로운 자신을 만들어 가겠지요. 여러분이 더 많은 경험, 더 값진 경험으로 여러분을 아름답게 만들어 가길 바라는 것이지요. 그것이 이번 캠프에서 여러분에게 전해 주고자 하는 메시지예요."

선생님의 말씀이 끝나자 아이들은 박수를 칩니다. 아마도 자기 자신에게 쳐 주는 격려의 박수이겠지요. 그리고 우리는 선생님의

말씀에 따라 강당 입구에서 나누어 받았던 달걀을 깼습니다. 새가 힘겹게 알을 깨고 나오는 것처럼 우리도 알을 깼지요. 평상시에도 자주 먹는 달걀이었습니다. 그래서 아무렇지 않게 달걀을 톡 깼지요. 그것이 어떤 의미라고 생각해 본 적이 없었어요. 그런데 오늘 깨 보는 달걀은 왠지 색다른 느낌이 들었습니다. 정말 우리가 새가 되어 어둠 속에서 힘겹게 껍질을 깨고 나오는 듯한 느낌이었어요. 삶은 달걀은 껍데기가 잘 벗겨지는 부분도 있었고 아닌 부분도 있었어요. 정성스럽게 껍데기를 깨고 벗기니 달걀의 하얀 속살이 드러났습니다. 마치 로크가 말한 타불라라사처럼 말이죠.

탈피 의식은 경건하게 시작하여 의미 있게 진행되었습니다. 그렇지만 마지막에는 서로 달걀을 먹으며 장난을 치느라 조금은 어수선했습니다. 그래도 정말 소중한 경험이었습니다.

지리산 산장의 밤이 깊어갔습니다. 산을 오르느라 피곤했던 우리는 깊은 잠 속으로 금방 빠져 들었습니다. 그리고 정말 내일 아침 눈을 뜨면 새로운 사람으로 태어날 것만 같았습니다.

로크의 사회계약론

　영국에 명예혁명이 없었다면, 망명 길에 올랐던 로크는 영원히 영국으로 돌아오지 못하고 네덜란드에서 죽었을 수도 있었을 것입니다. 하지만 명예혁명으로 로크는 메리 여왕과 함께 영국으로 다시 돌아올 수 있었습니다.

　로크는 명예혁명 이후 왕의 절대적인 힘을 뺏기 위해서 노력했답니다. 그중 하나가 권리장전을 만드는 데 큰 힘을 보탠 것입니다. 그리고 로크는 윌리엄 왕이 약속한 정치가 이루어지길 바랐습니다.

　그래서 로크는 가장 먼저 왕이 갖고 있던 권력을 정치가들이 나누어 가져야 된다고 주장했답니다. 그것이 오늘날 우리가 민주주의를 상징하는 삼권분립입니다. 그 다음으로 로크는 도덕 정치를 주장했습니다. 영국 사람들이 도덕적이면 영국 정치가도 도덕적이라고 로크는 판단한 것이죠. 이렇게 영국 정치가들이 도덕적인 생각으로 각자 자신의 일만 한다면, 영국은 훌륭한 정치가 이루어질 수 있다고 믿었습니다.

사회는 사람들이 함께 모여 사는 곳입니다. 이러한 사회에 들어와서 살기 전에 사람들은 자연 상태에서 살았답니다. 자연 상태에 살고 있는 모든 사람은 생명, 자유 그리고 재산이라는 세 가지 권리를 갖고 있었습니다. 비록 사람들이 사회를 이루고 살아도 이 세 가지 권리는 결코 버릴 수 없는 것입니다. 그리고 이 세 가지 권리는 모든 사람이 똑같이 갖고 있는 권리입니다.

자연 상태에서 사는 사람들은 자연법칙에 따라 삽니다. 그리고 그 자연법칙은 생명, 자유 그리고 재산이라는 사람의 세 가지 권리를 보장해 주고 있습니다. 사회는 사람들이 함께 모여 사는 곳이라고 했습니다. 이 사회도 결국 자연법칙이 기본이 되어 새로운 법칙이 만들어질 것입니다.

이때 새로운 법칙은 자연법칙을 존중해야 합니다. 자연법칙을 존중하면서 만들어진 새로운 법칙에 따라 사회에 사는 사람들은 계약을 맺고 삽니다. 이것이 곧 사회계약입니다. 그리고 이 사회계약은 결국 자연법칙을 바탕으로 만들어졌습니다.

그렇기 때문에 사회계약에 의해서 만들어진 사회는 생명, 자유, 재산이라는 세 가지 권리도 함께 지켜져야 합니다. 이것이 바로 로크의 사회계약론의 기본 정신입니다.

그럼 왜 자연 상태에 살던 사람들이 사회계약을 맺을 수밖에 없었을

까요? 자연의 법칙은 모든 사람들에게 평등한 권리와 자유를 존중하도록 요구합니다. 그리고 사람의 이성은 자연법칙을 지킬 것을 요구합니다. 하지만 모든 사람이 다 이성적인 것은 아닙니다. 그래서 몇몇의 사람들은 더 많은 욕심을 부립니다.

욕심을 부린 몇몇 사람은 결국 다른 사람의 권리를 침범합니다. 결국 자연 상태는 약탈과 침략으로 변하고 맙니다. 욕심이 없고 착한 몇몇 사람은 욕심 많은 사람으로부터 자신들을 보호하기 위해서 서로 계약을 맺고 단결합니다.

서로 보호하겠다는 계약에 약속한 사람만이 보호를 받을 수 있습니다. 이것이 곧 사회로 발전하게 됩니다. 그렇기 때문에 사회는 그 사회를 지키기 위한 법을 만들고 서로 보호하겠다는 계약을 맺는 것이죠. 바로 이것이 서로를 보호하고 지켜 주기 위해 맺는 로크의 사회계약론입니다.

하얀 종이 위에 그린 마음

 교육은 신사를, 독서는 좋은 벗을, 반성은 완전한 사람을 만든다.

― 로크

1 똑같은 그림

아침 식사를 마치고 마지막 프로그램만 남겨 두었습니다. 친구들과 같이 밥을 지어 먹으며 좋은 공기 속에서 하룻밤을 지내고 난 뒤 집으로 돌아갈 생각을 하니 한강이와 한솔이는 못내 아쉬운 모양입니다. 한강이와 한솔이뿐 아니라 다른 아이들도 모두 아쉽다며 한마디씩 합니다. 그러나 새로운 마음으로 다시 출발을 하려면 집으로 돌아가야겠지요. 아쉽지만 마지막 행사를 끝으로 산을 내려가기로 했습니다.

아이들은 다시 강당에 모였습니다. 강당에 들어설 때 이번엔 선생님께서 하얀 종이를 한 장씩 나누어 주셨습니다. 이 종이는 무엇을 뜻하는 것일까요. 아이들은 어제의 탈피 의식 때문인지 하얀 종이를 한 장씩 나누어 받으며 뭔가 눈치 챘다는 듯이 고개를 끄덕입니다. 아마도 이 하얀 종이는 어제 선생님께서 말씀하신 타불라라사이겠지요. 그리고 그 종이에 뭔가를 그리라는 것이겠지요?

"자, 여러분은 모두 하얀 종이 한 장씩을 받았습니다."

아이들이 자신들이 받은 하얀 종이를 팔랑팔랑 흔들어 보입니다.

"그 종이는 바로 여러분의 마음입니다."

하얀 종이가 우리의 마음이라니 다시 경건해지고 마음이 뿌듯해지는 것 같습니다.

"이제 여러분은 이렇게 하얀 종이와 같은 마음으로 새롭게 태어났습니다. 앞으로 여러분의 환경에 따라 그리고 다양하게 겪게 될 경험에 따라 여러분의 마음은 가지각색으로 꾸며질 것입니다. 여러분이 어떤 경험을 하느냐에 따라 그 하얀 종이는 여러 가지로 달라지겠지요."

정말 궁금합니다. 지금은 모두가 같은 하얀 종이일 뿐이지만, 앞으로 이 종이는 어떻게 꾸며질까요?

"우리 한번 우리의 마음을 꾸며 볼까요? 여러분이 생각과 경험에 따라 달라질 그 하얀 종이에 그린 마음이 참 궁금하네요. 지금부터 여러분들은 자유롭게 그 하얀 종이에 여러분의 마음을 그려 보세요."

하얀 종이 위에 우리의 마음을 그리는 시간입니다. 그런데 선생님이 말씀이 끝나고도 아이들은 한참 동안 그림을 그리지 못하고 하얀 종이만 내려다보고 있습니다.

한솔이는 인공 폭포 1주년 그림 그리기 대회를 떠올립니다. 그때 한솔이는 다른 아이들이 그림을 그리는 동안에도 한참 동안이나 그림을 그리지 못했습니다. 왜 그랬을까요? 한솔이는 곰곰이 생각해 보았습니다. 그때 한솔이는 무엇을 그려야 될지도 몰랐지만 잘 그려서 상을 타야겠다는 욕심 때문에 더욱 그리지 못했던 것입니다. 그렇지만 이번엔 다릅니다. 한솔이는 다른 아이들과 달리 바로 크레파스를 집어 들고 그림을 그리기 시작했습니다. 새롭게 태어난 마음을 그리면 되는 것이기 때문이었고, 잘 그려서 상을 타야겠다는 욕심도 없었기 때문입니다.

한솔이가 그림을 그리는 동안 한강이는 이리저리 두리번거리며 무엇을 그려야 할지 몰라 막막한 표정입니다. 한솔이가 열심히 밑

그림 그리는 모습을 보자 한강이가 슬쩍 한솔이의 그림을 보려고 합니다. 한솔이가 얼른 종이를 감추었습니다.

"안 돼! 보지 마!"

"누가 보겠대? 뭘 그렇게 성의 없이 빨리 그리나 신기해서 그렇지."

한강이는 말꼬리를 흐립니다. 전교 1등뿐만이 아니라 체육, 음악, 미술 모든 것을 다 잘한다는 한솔이가 어떤 마음을 그림으로 표현할지 그리고 얼마나 그림을 잘 그리는지 궁금한 건 사실이거든요.

'내 그림 좀 대신 그려 줘라.'

또 한편으로는 그렇게 말하고 싶었던 한강이었습니다. 사실 한강이는 그림에는 정말로 소질이 없습니다. 뭐, 장난치는 것 말고 특별히 소질이 있는 것은 아니지만 특히 그림은 더욱 그렇습니다. 한강이가 제일 싫어하는 과목도 미술이니까요. 그림을 그려야 한다는 것도 어려운데 모양도, 색깔도 없는 마음을 그려야 한다니요. 마음이 보이기나 한 걸까요? 자동차도 아니고 나무도 아닌 마음을 그리라니, 한강이는 막막하기만 합니다.

한솔이는 옆에서 자꾸 지켜보는 한강이 때문에 아예 그림을 그리지도 못하고 있습니다. 한강이는 한솔이를 방해해선 안 되겠다고 생각했습니다. 그래서 한솔이가 그림을 편하게 그릴 수 있도록 한강이는 밖으로 나갔습니다. 자신의 마음을 그려야 하는 것이니 아무리 자신이 없더라도 한강이가 직접 그려야하겠지요.

그림을 그리는 시간이 끝난 후 모두의 그림을 모아 서로의 마음에 대해 이야기하는 시간이 되었습니다. 이때 한 아이가 한솔이와 한강이의 그림을 보며 말했습니다.

"우와, 어쩜 너희 둘은 그림도 똑같니? 설마 한 사람이 다 그린 건 아니지?"

이 소리를 듣고 아이들이 한솔이와 한강이의 그림을 보러 몰려들기 시작했습니다.

"야, 그건 아닌 것 같다. 한솔이가 그린 건 잘 그렸는데, 한강이 그림은 좀 이상하지 않니?"

눈이 커다란 여자 아이가 말했습니다. 아이들이 맞아, 맞아! 하면서 웃습니다. 한강이는 머리를 긁적거리며 쑥스러워합니다.

"그럼, 한강이가 한솔이 그림을 베껴서 그린 거 아니야?"

또 누군가 말합니다.

"아니야, 한강이는 나랑 강당 밖에 나와서 그렸어. 짜식이 얼마나 빨리 그리고 장난만 치는지……."

키가 크고 안경을 쓴 아이가 말했습니다.

"그럼 뭐야? 둘이 같이 그리지도 않았는데 똑같은 그림을 그렸 단 말이야?"

한솔이와 한강이도 놀라웠습니다. 한솔이와 한강이가 그린 그림 은 똑같지는 않았지만 그림의 내용이 아주 비슷했거든요. 한솔이 와 한강이 모두 엄마의 배 속에서 두 아이가 서로 손을 잡고 있는 모습을 그렸습니다. 물론 한솔이 그림은 아주 꼼꼼하고 시원 시원 하게 잘 그렸고 한강이는 색칠도 엉망이고 그림 속 엄마의 얼굴 표정도 이상했습니다. 하지만 엄마 배 속의 쌍둥이 아이들의 모습 은 똑같았지요.

2 같은 듯 다른 우리

"야, 너희는 일란성 쌍둥이라서 그런지 생긴 것도 똑같고 성격도 생각하는 것도 똑같은 모양이다!"

한 아이가 그렇게 말하자 또 다른 아이가 맞장구를 칩니다.

"그럼 너희 둘은 혹시 텔레파시 같은 것도 통하니? 그러니까, 예를 들면 말이야. 둘이 서로 멀리 떨어져 있어도 어디 있는지 알고 무슨 생각을 하는지도 알고. 외계인들처럼 말이야."

"야, 한솔이랑 한강이가 무슨 초능력자냐? 그건 쌍둥이라도 못

따라 하는 천부적인 능력이라고!"

"그래도 이 정도면 텔레파시가 통한다고 볼 수 있지. 정말 놀랍지 않니? 어떻게 똑같은 그림을 그릴 수 있어? 너희 혹시 다른 행성에서 온 거 아니야? 다른 행성에서 지구로 쫓겨 온 외계인 같은 거."

누군가의 말에 아이들이 배꼽이 빠져라 웃어 댑니다.

"하하하! 어쨌든 정말 신기하다."

아이들은 웃었지만 한솔이는 화가 났습니다. 그림이 비슷하다는 이유로, 쌍둥이라는 이유로 아이들이 자신과 한강이를 외계인 취급하는 것에 화가 났습니다. 그렇지만 아무 말도 할 수가 없었습니다. 화를 내면 아이들이 어떻게 생각할까요? 오히려 더 큰 말싸움이 되거나 아이들의 장난에 불끈하는 속 좁은 아이로 오해나 받겠지요? 한솔이는 화가 나서 얼굴이 화끈 달아오르는 것을 꾹 참습니다.

"너희들 너무 심하게 말하는 것 아니야? 우리가 무슨 외계인이냐? 쌍둥이가 죄냐고! 서로 다른 친구들끼리도 생각하는 것이나 마음이 통할 때가 있는 것처럼 우리도 그랬을 뿐이야. 너희들이 우리가 쌍둥이라고 편견을 가지고 보는 건 정말 기분 나빠!"

한솔이가 꾹 참고 있던 말을 한강이가 대신 퍼부었습니다. 한솔이는 한편으로 속이 시원한 기분이 들었지요. 한강이의 말에 아이들이 금세 기가 죽었습니다.

"아니, 그게 아니고……, 우리는 단지 너희들이 잘 통한다, 뭐 그런 얘기를 한 것뿐이야."

한강이는 다시 소리를 버럭 지릅니다.

"난 한솔이랑 달라. 그래, 우리는 일란성 쌍둥이 형제라 닮긴 했어. 그런데 잘 봐. 내 코가 더 오뚝하고 잘생겼지? 그리고 난 한솔이보다 더 남자답고 당당해. 계집애처럼 굴지 않는다고!"

"뭐라고?"

잠자코 있던 한솔이가 벌떡 일어나 소리쳤습니다.

'아, 이게 아닌데…….'

한강이가 아차, 하고 생각했을 때는 이미 늦어 버렸습니다. 한솔이는 얼굴이 벌겋게 달아올라 한강이를 쳐다보았습니다.

"야, 이한강! 너 뭐라고 했어? 내가 계집애 같다는 거야 뭐야? 너처럼 다른 사람의 마음을 배려하지 않고 함부로 말하는 아이는 딱 질색이야. 어쩌면 너는 항상 네 기분만 생각하니? 재미있다고 함부로 행동하고 그 다음은 생각도 하지 못하고. 넌 정말 생각이 있는 애니, 없는 애니?"

한솔이도 참지 못하고 한강이에게 쏘아붙였습니다. 순간 한솔이와 한강이 주위에 몰려든 아이들이 슬금슬금 눈치를 보며 하나 둘씩 자리를 피했습니다. 분위기가 아주 썰렁해졌지요. 한솔이는 곧 후회를 했습니다. 서로 함께 살고 있지 않고 또 어렸을 적 헤어져 이제야 만난 서먹한 사이이지만 그래도 형제입니다. 그리고 아이들도 생김새 때문에 금방 한솔이와 한강이가 쌍둥이 형제라는 걸 알아차렸고요. 그런데 아이들 앞에서 형제끼리 싸우는 모습을 보였으니 얼마나 한심한 일입니까. 한솔이는 자신의 머리를 콩콩 쥐어박고 싶은 심정이었습니다. 생각 없이 함부로 행동한다고 한강이에게 윽박질렀던 자신 또한 생각 없는 말과 행동을 했다는 생각에 한솔이는 무척 부끄러웠습니다. 그리고 언제나 씩씩하고 당당했던 한강이가 풀이 죽어 자리를 피하는 것을 보니 마음이 무척 아팠습니다. 한강이와 싸우려고 했던 것이 아니었습니다. 아이들이 쌍둥이 형제라고 편견을 가지고 바라보는 것에 화가 난 것뿐이었습니다. 그런데 왜 그랬을까요? 한솔이는 몹시 후회되었습니다.

3 나는 너, 너는 나!

모든 프로그램이 끝나고 산을 내려가야 하는 시간인데도 한강이는 한참 동안이나 돌아오지 않았습니다. 선생님과 도우미 형, 누나가 한강이를 찾아 나서서 남은 아이들은 또 한참을 기다려야만 했습니다. 한강이는 뒤늦게 나타났습니다. 선생님께 주의를 들으며 고개를 푹 숙이고 있는 한강이를 보니 한솔이는 마음이 무거워집니다. 아무래도 성질 급한 한강이가 아까 자신에게 화가 나서 아무 곳이나 쏘다니다 이제야 나타난 것 같기 때문이었지요. 그렇다면 한강이가 선생님께 혼나는 것은 순전히 자신 탓이라고 한솔이는 생각했습니다. 한솔이는 한강이가 안쓰럽고 또 미안했습니다. 그래서 한솔이는 한강이를 쳐다볼 수조차 없었습니다.

"죄송합니다!"

우렁찬 목소리에 한솔이는 깜짝 놀라 고개를 들었습니다. 한강이는 선생님께 죄송하다고 씩씩하게 말씀드리고는 씩 웃었습니다. 선생님 또한 어이없다는 웃음을 지으시고는 한강이를 용서해 주셨습니다. 그나마 한강이의 기분이 썩 나빠 보이지 않아서 다행이었습니다.

산을 내려오는 길은 올라올 때보다 훨씬 쉬웠습니다. 한 번 눈에 익은 길이어서 그런지도 모르겠지만 아마도 집으로 돌아간다는 설렘 때문인 것 같습니다. 방학 동안 집에만 있으면 어디든 떠나고 싶어 안달이면서도 밖에 나오면 또 집이 그리운 건 무슨 이유일까요?

아이들은 가벼운 발걸음으로 산을 내려옵니다. 어쩌면 다시 태어나 새로워졌기 때문인지도 모르지요. 장기 자랑을 하며 떠들썩하게 출발했을 때와는 달리 집으로 돌아가는 버스 안에서 아이들은 대부분 곯아떨어졌습니다. 아마도 그동안의 피곤이 한꺼번에 밀려온 모양이었습니다. 휴게소에서 잠시 쉴 때, 몇몇 아이들은 자리를 바꾸어 앉았습니다. 자는 아이들은 뒤쪽으로, 이야기를 나누는 아이들은 자연스럽게 앞자리로 이동해서 앉았습니다.

한솔이는 중간 정도에 앉아서 창밖을 내다보고 있었습니다. 화장실을 다녀온 한강이가 차에 올라타더니 한솔이 옆에 앉았습니다. 처음엔 운전석 맨 앞쪽에 다른 아이와 앉았던 한강이었습니다.

버스가 출발한 후에도 한솔이와 한강이는 한마디도 나누지 않았습니다. 아침에 똑같은 그림 때문에 본의 아니게 말다툼을 한 탓에 왠지 서먹했습니다.

"안 피곤해?"

그래도 먼저 말을 건넨 건 한강이었습니다.

"응."

한솔이가 대답을 합니다. 그리고 두 사람은 또 한참이나 말이 없습니다.

"뭐 마실 거라도 없어? 목이 마른데?"

한강이가 한솔이에게 말을 건넵니다. 한솔이도 목이 마른 것 같습니다. 한솔이는 가방을 뒤집니다. 혹시 남은 음료수가 있을까 싶어서였습니다. 한솔이가 가방을 열자 빈 과자 봉지와 빈 물병이 나왔습니다.

"뭐야? 혼자 다 먹어 버린 거야?"

한강이가 쓰레기뿐인 한솔이의 가방을 보면서 말합니다.

"아, 이거……, 산에 올라갈 때 계곡에서 주운 쓰레기인데 버린다는 것을 깜빡하고 계속 가방에 넣어 두었나 봐."

"하하하! 참, 너답다. 역시 이한솔이야."

한강이가 호탕하게 웃습니다. 한솔이는 그런 한강이를 보며 어리둥절합니다.

"모범생다운 행동이라고. 나 같으면 쓰레기를 줍지도 않았겠지만, 그걸 가방에 넣고 다니지도 않았을 거야. 역시 넌 바른 생활 사나이라니까! 하하하."

"한강이 너 지금 나 놀리는 거야?"

한솔이가 토라진 척을 합니다.

"아니야, 아니야! 천만에. 사실 나는 너 같은 성격이 부럽기도 해. 언제나 신중하고 남을 생각하는 마음 말이야. 나 같으면 귀찮아서 하지도 못할 행동인데 넌 다른 사람을 위해서 그걸 참아 내잖아. 그리고 사실 공부도 잘하고 그림도 잘 그리는 너에게 은근히 질투도 나. 아마 그래서 그랬을 거야. 아까 말이야. 아이들이 쌍둥이가 어쩌고저쩌고 했을 때 말이야. 사실 나는 뭐든지 잘하는 네가 자랑스러우면서도 나는 그렇지 못한 것이 부끄러웠거든. 아까는 정말 미안해. 내 본심이 아니었어."

한강이답지 않게 진지하게 말합니다. 한솔이 역시 그런 한강이에게 미안하기는 마찬가지입니다.

"그렇게 말하니까 내가 더 미안하다. 사실 나도 너에게 그런 뜻으로 한 말은 아니었어. 아이들 앞에서 형제가 싸우는 모습을 보인 것도 부끄럽고. 너처럼 융통성이 있는 것도 아니고 활발하지도 않고 자유롭게 행동하지 못하는 내가 싫을 때도 있어. 그래서 난 너의 성격이 마음에 들어. 그런 네가 나와 형제라는 것도 너무나 좋고. 그런데 나도 모르게 너에게 화를 냈어. 아마 나도 질투였나 봐. 내가 가질 수 없는 성격이 부러웠던 거지."

"하하하! 이한솔, 이번 캠프에 함께 가자고 해서 너무 고맙다. 새로 태어난 것 이상으로 큰 수확이 있는 것 같아. 너에 대해서 더 잘 알게 되었고, 또 우리가 형제라는 사실도 뿌듯하고!"

"정말 그래. 네가 긍정적으로 또 적극적으로 함께 해 준 덕분이야. 너에게 참 고맙다!"

한솔이와 한강이는 손을 잡고 마구 흔들어 댑니다.

"참, 또 하나의 수확이 있지!"

"그게 뭔데?"

한솔이는 궁금해집니다. 한강이가 또 얻은 것이 무엇인지 말이에요. 한강이는 자신의 가방을 한참이나 뒤적입니다.

"아, 여기 있다!"

그러더니 신문지에 싼 무엇인가를 꺼냅니다.

"그게 뭐야?"

"짠!"

한강이는 신문지로 싼 것을 풀어 보입니다. 빨간 산딸기입니다.

"어? 이거 산딸기 아니야?"

"맞아, 산딸기!"

"그런데 어디서 났어?"

"어디서 나긴, 내가 직접 땄지."

"언제? 어디서?"

"아까 내가 좀 늦게 와서 선생님께 혼났잖아?"

"응."

"사실은 너랑 괜한 말다툼을 하고 돌아서는데 저쪽 산에 빨간 열매 같은 게 보이는 거야. 그래서 가까이 가 봤지. 그랬더니 산딸기더라고. 그래서 그걸 따다 보니 좀 더 깊은 곳으로 갈수록 더 많이 있는 거 있지? 그래서 조금만 더 따야지, 하고는 점점 들어가다가 시간 가는 줄 몰랐던 거야. 아차, 하고 산장으로 돌아오니 이미 아이들은 모여 있고 내가 너무 늦어 버린 거지. 선생님께 혼나도 싸니까 죄송하다고 말씀드릴 수밖에."

"그럼, 너 아까 나 때문에 속상해서 일부러 늦게 온 것이 아니라 산딸기를 따느라 정신이 팔려서 그랬던 거야?"

"응."

"야, 이한강! 난 그것도 모르고 얼마나 걱정한 줄 알아? 네가 선생님께 혼나는 것도 모두 나 때문이라고 생각해서 얼마나 마음 졸였는데!"

"히히, 너답다!"

"정말, 너도 너답다! 못 말리겠어."

한강이는 산딸기 하나를 자기 입 속에 쏙 넣고 오물오물 씹습니다.

"아, 맛있다! 너도 한번 먹어 봐."

한강이는 한솔이 입에도 산딸기 하나를 넣어 줍니다.

"근데, 이런 거 함부로 따도 되는 거야? 그러면 안 되는 거 아니야?"

한솔이가 걱정스럽게 묻습니다.

"야, 산딸기가 무슨 야생화도 아니고 천연기념물도 아니고 그것 좀 딴다고 무슨 큰일이 나니?"

한강이는 그까짓 게 뭐가 대수롭나 싶습니다. 겨우 산딸기인데요, 뭘.

"그래도 거긴 국립공원이잖아. 국립공원에서 자라는 것을 함부로 따오면 안 되는 거 아니야?"

한솔이 말을 들어 보니 그런 것도 같습니다.

"야, 이한솔. 그냥 맛있게 먹으면 되는 거야. 그런 거 저런 거 다 따지면 이 세상은 너무나 살기가 팍팍한 법이지."

한강이가 산딸기를 한 주먹 쥐어 입 안에 털어 넣습니다. 한솔이도 한강이처럼 산딸기를 한 주먹 쥐어 입 속에 넣습니다. 두 사람은 서로를 바라보며 웃습니다. 입 속에서 빨간 산딸기가 팝콘처럼 튀어 나옵니다.

로크의 《인간오성론》

로크는 오늘날까지도 잘 알려진 《인간오성론》이란 책을 약 30년 정도에 걸쳐 썼답니다. 처음 이 책을 쓸 때 로크는 사회적, 종교적, 정치적으로 평화주의자였답니다. 그러다 시간이 지나면서 더 깊숙이 인간의 지식에 대해 탐구하게 됩니다. 그래서 인간오성론에서 로크는 경험, 관념, 지식의 문제를 주로 다루게 되었답니다.

사람은 어떻게 지식을 얻을 수 있을까요? 로크는 철저하게 경험으로만 가능하다고 생각했습니다. 로크는 우리 앞에 놓여 있는 물건은 경험으로만 알 수 있다고 주장합니다. 그래서 로크는 우리가 절대적으로 믿을 수 있는 지식은 물건에 대한 직접적인 관찰을 통해서만 가능하다고 했습니다.

아무리 어린아이라도 사과가 무엇인지 압니다. 그리고 불이 무엇인지도 압니다. 그래서 그 어린아이는 "사과는 불이 아니다"라고 이야기할 수 있다고 로크는 말합니다. 물론 여기까지는 아주 단순한 생각이라고 볼 수 있습니다. 하지만 로크는 이런 단순한 생각을 바탕으로

자신의 생각을 더 발전시켜 나갑니다.

바로 이것이 사람의 개인적인 생각입니다. 사람의 감각이야말로 지식을 위해서 가장 믿을 만한 것입니다. 그러나 이 감각이 사람마다 다르다는 것도 우리는 인정해야 합니다. 이 주관적인 것을 인정한다면, 로크는 다음 네 가지도 인정해야 한다고 주장합니다.

1. 사람은 모든 사물을 경험할 수는 없다.
2. 사람은 마음을 갖고 있다.
3. 사람은 지식을 갖고 있다.
4. 사람은 지식을 마음으로 얻을 수 있다.

사람들은 마음으로 지식을 얻기 때문에, 모든 사람은 태어난 다음 지식을 얻으려고 노력합니다. 그런데 사람이 그 지식을 얻기 전에 지식을 만드는 능력을 갖고 있을까요? 없을까요? 물론 로크는 없다고 했죠? 그래서 사람의 마음은 태어나기 전에는 하얀 종이와 같다고 했답니다. 그것을 타불라라사라고 합니다.

이렇게 사람의 마음은 하얀 종이와 같기 때문에 사람들은 태어난 다음 지식을 얻기 위해서 노력합니다. 그리고 그 지식들은 경험을 통해서만 얻을 수 있는 것이죠. 특히 사람의 감각을 통해서 얻는 지식이야말로 가장 정확하고 확실한 지식이라고 로크는 믿었죠.

이 타불라라사에 대한 로크의 생각은 그의 책 《인간오성론》에 잘 나타나 있습니다. 이 책은 무려 30년 정도에 걸쳐 완성되었다고 합니다. 그렇기 때문에 그 내용이 조금씩 변하기도 했답니다. 그래서 이 책의 내용을 파악하는 것도 결코 쉽지 않습니다.

하지만 로크의 철학적인 생각은 아주 단순합니다. 로크의 철학이 단순한 것은 바로 사람의 감각에서 출발했다는 것에 있습니다. 감각으로 아는 것이 가장 정확하고 믿을 수 있다는 그의 생각에 대해 여러분은 어떻게 생각하십니까? 여러분은 여러분의 감각으로 안 지식이 항상 옳다고 생각하십니까?

에필로그

"근데 한강아. 너 진짜 내 그림 안 본 거지?"

한솔이가 심각하게 묻습니다.

"야, 이한솔. 너 나를 뭘로 보는 거야. 난 그런 치사한 짓 안 해!"

한강이가 화난 척을 합니다.

"미안, 의심해서가 아니라 나도 신기해서 그래. 우리가 서로 보지도 않았는데 어떻게 그렇게 똑같은 그림을 그렸나 싶어서 그런 거지."

"정말 우리 텔레파시가 통하나?"

"쌍둥이라서 그런가?"

"알았다!"

한강이가 무릎을 탁 칩니다.

"뭘?"

"넌 전교 1등이 그것도 모르냐?"

"아무 데다 전교 1등을 갖다 붙이냐? 네가 자꾸 전교 1등이 어쩌고저쩌고 하니까 전교 1등이 꼭 욕처럼 들리잖아."

한솔이가 볼멘소리를 합니다.

"그게 아니라, 한마디로 말하면 공부는 잘하는데 센스가 없다는 말이지."

"으이그."

한솔이가 한강이의 말에 제 가슴을 쾅 칩니다.

"우리가 쌍둥이어서도 아니고 텔레파시가 통해서도 아니야."

"그럼 뭐야?"

"아까 선생님께서 하얀 종이에 자신의 마음을 그리라고 했잖아."

"응."

"너와 나의 마음이 같았을 뿐이야."

"우리는 같은 부모님에게서 같은 모습으로 태어났지만, 서로 다른 환경에서 서로 다른 경험을 하면서 너는 너처럼, 나는 나처럼 자란 거야."

한강이가 제법 진지하게 말합니다. 한솔이는 그런 한강이를 흐뭇하게 쳐다봅니다.

"그래서?"

"우리가 서로 형제라는 사실을 알고 만나게 됐고, 우린 형제로서 서로의 모습을 닮아 가길 원했던 거야. 너는 나처럼, 나는 너처럼. 우리의 마음이 서로를 간절히 원한 거라고 볼 수 있지."

한강이의 말이 끝나자 한솔이가 한강이의 손을 꼭 잡습니다.

"역시 내 동생은 참 똑똑하다!"

한솔이가 한강이의 머리를 쓰다듬습니다.

"누구보고 동생이래? 형이라고 불러!"

이번엔 한강이가 한솔이의 머리를 쓰다듬습니다.

"아무리 우겨도 형은 내가 분명해. 하하하! 어쨌든 한강이 네 말을 듣고 보니 꼭 내 마음을 들여다보는 것 같다. 나도 표현은 하지 못했지만 너와 꼭 같은 생각을 했거든. 나도 이제 너처럼 씩씩하고 당당하게 행동할 수 있을 것 같아. 형제가 있다는 것, 그것도 한강이 너 같은 동생이 있다는 것이 너무 자랑스럽고 든든하거든. 이제 불완전한 나에게 반쪽이 생겼으니 더 완벽해 지면 어떻게 하나?"

"이한솔, 너 꼭 내 말투를 흉내 내는 것 같다! 자꾸 형님 따라 할래?"

"어허! 내가 형이래도!"

한솔이와 한강이는 서로 마주 보며 한참 동안 웃습니다. 웃는 모습이 너무나 닮은 한솔이와 한강이는 서로의 모습에서 자신의 모습을 발견합니다. 그리고 두 사람 모두 형제가 생겼다는 뿌듯함에 힘이 솟는 듯합니다. 두 사람은 하얀 종이에 그렸던 그림처럼 손을 잡고 힘차게 흔듭니다.

통합형 논술
활용노트

01 한솔이와 한강이처럼 여러분도 자신과 똑같이 생긴 사람이 있다는 말을 들으면 어떨까요? 만약 자신과 똑같이 생긴 사람을 만나게 된다면 무슨 일을 하고 싶나요? 상상해서 써 보세요.

02 책 중간에도 '타불라라사' 라는 말이 많이 나옵니다. 이 책의 제목이기도 한 타불라라사는 무슨 뜻이었나요? 생각나는 대로 써 봅시다.

03 우리 주변에서 타불라라사를 적용해서 이야기할 수 있는 것은 무엇이 있을까요?

04 나쁜 사람은 주변 환경에 의해 나쁜 사람이 된 걸까요, 태어날 때부터 나쁜 사람이었던 걸까요? 이에 대한 여러분의 생각을 써 보세요. 친구들과도 토론해 보고 다른 생각을 가진 친구가 있다면 왜 그렇게 생각하는지 대화해 봅시다.

05 한강이와 한솔이는 캠프를 함께 가게 되고 그곳에서 탈피 의식을 하게 됩니다. 탈피 의식은 어떤 의미가 있는 것이었나요? 여러분도 이런 탈피 의식을 직접 해 본 적이 있나요? 있다면 그때 느낌은 어땠나요?

06 만약 여러분의 마음이 하얀색 도화지라면 그 위에 어떤 그림을 그리고 싶은가요?

07 로크의 경험론에서 가장 기본적인 말은 바로 '관념' 입니다. 이 관념은 어떻게 생겨나게 되나요? 기억나는 대로 적어 봅시다.

통합형 논술
문제풀이

01 나와 똑같이 생긴 사람을 만난다면, 친구를 하자고 할 것입니다. 그래서 많은 이야기를 하고 싶습니다. 어떤 색깔, 어떤 음식을 좋아하는지 등 여러 가지를 물어보고 같다면 어떤 점이 같은지, 다르다면 왜 다른지 서로 이야기하며 함께 친하게 지내고 싶습니다.

02 타불라라사는 옛날 로마 사람들이 사용하던 말인 라틴어입니다. 마치 하얀 종이처럼 사람의 마음은 아무것도 없이 태어난다는 뜻입니다. 그렇게 태어난 사람은 주위 환경이나 교육에 따라 종이에 그림을 그리듯이 경험으로 자신의 마음을 채우게 됩니다. 로크는 이러한 생각을 경험론이라고 했습니다. 그리고 로크 이후 영국의 몇몇 철학자는 로크의 생각을 따라 로크의 사상을 더 발전시켰습니다. 이 사람들을 영국의 경험론자라고 합니다.

03 쌍둥이를 예로 들 수 있습니다. 같은 날, 같은 시간에 태어난 쌍둥이라도 다른 환경에서 자라면 다른 성격, 다른 생각을 가지고 자라게 됩니다. 한강이와 한솔이의 경우 쌍둥이지만 서로 다른 환경에서 자라면서 성격, 태도, 사고방식 등이 전혀 다르게 성장했습니다. 한강이는 공부도 잘하고 그림도 잘 그리는 모범생이지만 내성적이고 소심한 반면, 한솔이의 경우 남자답게 먼저 악수를 청하며 장난도 잘 치는 개구쟁이입니다.

타불라라사는 주위 환경이나 교육 방법 등에 따라 그림을 그리듯 자신의 마음을 채우는 것입니다. 따라서 다른 환경에서 다른 교육을 받고 자란 쌍둥이인 한강이와 한솔이가 타불라라사를 증명하는 하나의 예가 될 것입니다.

04 사람은 주변 환경에 의해 범죄를 저지르거나 나쁜 일을 하는 것이지 처음부터 나쁜 사람은 없다고 생각합니다. 주변 환경이 나쁘다면 범죄를 저지를 가능성이 있는 것이고 훌륭한 환경에서 자라면 좋은 사람, 훌륭한 사람이 될 가능성이 있는 것입니다.

가정교육이 중요하다는 말은 바로 환경이 중요하다는 뜻입니다. 대체로 훌륭한 부모님에게 사랑받고 자란 아이가 범죄를 일으킬 확률이 낮고, 결손가정에서 자란 아이가 범죄를 저지를 확률이 높은 것이 바로 환경이 중요하다는 것을 보여 주는 예라고 생각합니다.

05 한강이와 한솔이가 했던 탈피 의식은 '껍질을 깨는 의식'이라는 뜻입니다. 달걀과 초를 들고 어둠 속에서 한 명씩 초에 불을 붙입니다. 불 켜진 초가 점점 더 많아지면서 주변은 점차 환해집니다. 한 사람, 한 사람이 모여 우리가 되면 세상은 점점 더 밝아지고 환해지게 된다는 것을 보여 주는 것이죠. 다른 사람과 함께 살아가기 때문에 환하고 밝은 세상이 되는 것입니다.

새들은 알에서 깨어 나오기 위해 힘든 싸움을 해야 합니다. 딱딱한 껍질을 깨고 세상 밖으로 나오기 위해서는 힘든 싸움을 이겨 내야 합니다. 그러고 나서야 어둠의 세상에서 환한 세상으로 나올 수 있습니다. 엄마의 배 속에서 어둠을 뚫고 밝은 곳으로 나온 우리들은 다른 사람과 함께 살아가며 환한 세상을 만들어야 한다고 생각했습니다.

06 저는 앞으로 어려운 사람을 도와주는 훌륭한 사람이 되고 싶습니다. 그래서 저는 다른 사람을 도와주고 배려하는 모습을 담은 그림을 그리고 싶습니다. 또 부모님, 동생과 함께 행복하게 사는 그림을 그릴 것입니다.

07 사람에게는 다섯 가지의 감각이 있습니다. 로크는 이 다섯 가지 감각인 보는 것, 듣는 것, 냄새 맡는 것, 맛보는 것, 느끼는 것을 통해 얻은 지식을 경험이라고 했습니다. 그리고 이것을 마음속으로 다시 한 번 생각하고 정리해서 완전히 알게 되는 과정을 반성이라고 했습니다. 즉, 처음 보는 물건에 대해 감각과 반성을 통해 완전히 알게 되는 것을 관념이라고 합니다.